中国共产党延安时期史话

丛书主编　陈答才

延安时期
爱国主义史话

第六册

李后东　主编

陕西新华出版　陕西人民出版社

图书在版编目（CIP）数据

延安时期爱国主义史话 / 李后东主编. -- 西安 : 陕西人民出版社, 2024. --（中国共产党延安时期史话）.
ISBN 978-7-224-15574-7

Ⅰ. D261.1

中国国家版本馆 CIP 数据核字第 2024H3W932 号

出 品 人： 赵小峰
总 策 划： 关　宁
出版统筹： 韩　琳
策划编辑： 王　倩
王　凌
责任编辑： 晏　藜
装帧设计： 白明娟

延安时期爱国主义史话
YAN'AN SHIQI AIGUO ZHUYI SHIHUA

主　　编 李后东
出版发行 陕西人民出版社
（西安市北大街 147 号　邮编：710003）
印　　刷 中煤地西安地图制印有限公司
开　　本 850 mm × 1168 mm　1/32
印　　张 5.25
字　　数 142 千字
版　　次 2024 年 12 月第 1 版
印　　次 2024 年 12 月第 1 次印刷
书　　号 ISBN 978-7-224-15574-7
定　　价 39.80 元

序言

任晓伟

现在，呈现在读者朋友们眼前的是由党史专家陈答才教授主编的一套关于延安时期中国共产党历史和理论的通俗性丛书。我参加了关于这套丛书内容的一些设计和讨论，因此非常希望在这套丛书付梓之际，和读者朋友们交流一下这套书的缘起和编写初衷。

延安时期是中国共产党百余年筚路蓝缕奋斗史上一个重大的关键阶段和关键时期。越是往前走，回头看这个时期，就越感觉这 13 年历史的厚重。作为中国共产党由小到大、由弱到强、由区域性执政向全国范围内执政的转折期，中国共产党延安时期创造性地正式形成了一个伟大的思想，即马克思列宁主义基本原理与中国革命具体实际相结合的产物——毛泽东思想；越来越自信地走出了一条全新的革命道路，即新民主主义革命道路；在弘扬伟大建党精神过程中，培育出了一个全新的精神形态，即延安精神；描绘出了一个伟大的梦想，即通过新民主主义向社会主义过渡，建设一个光明的中国并努力推动形成一个光明的世界。这四个方面的伟大成就，在客观上决定了延安时期不仅属于历史，也属于现实和未来，在中国共产党领导人民进行的中国革命史上具有恒久的意义。习近平总书记在庆祝中国共产党成立 100 周年大会上的重要讲话中指出："一百年来，中国共产党团结带领中国人民进行的一切奋斗、一切牺牲、一切创造，归结起来就是一个主题：实现中华民族伟大复兴。"放置在民族复兴的百年进程的整体背景中来看，延安时期也是一个熠熠生辉的阶段，是中国共产党领导人民重新确立民族自信和人类情怀，在推动民族复兴中取得重大历史成就并奠定了后来接续奋斗的重要历史基础。

自1948年3月中共中央离开陕北，至今已经70多年的时间了。在此后的发展中，不管是在什么样的发展阶段，处于什么样的发展时期，面对什么样的发展任务，说不完道不尽的延安时期是始终萦绕在中国共产党人头脑中的深刻历史记忆和强大精神感召。对于党史研究工作者来说，延安时期始终是一座学术富矿，对于陕西的党史研究工作者来说更是这样的。基于对延安时期重要意义的认识，长期以来我们利用学科、学术和区位优势，努力不断推动对延安时期党的历史和理论的学理性阐述和理论宣传，与时俱进地推动对延安时期的研究。

我们选择了六个角度——马克思主义理论文献、马克思主义中国化、党的建设、统一战线、重要会议、爱国主义，作为研究对象展开研究。应该说，这六个方面是贯穿于延安时期党的历史中的基本方面，长期以来构成了人们研究的重要对象。今天，在习近平总书记关于党史重要论述指导下，以通俗的方式对这些基本方面进行系统整理和学术呈现，对于整体上推动延安时期的研究也是一次有益的尝试。

这套丛书除了它的学术价值外，还有教学价值和宣传价值。这些年来，我们不断地推动将延安时期中国共产党的历史融入教学，特别是融入高校思想政治课教学的探索。一方面，在“四史”教学和党史教育中，不断加强对延安时期党史教学的重视，另一方面，在推动建设高校思想政治课选修课程中设置“党中央在延安十三年史”等新课程。在这个过程中，我们逐渐萌生了一个想法，就是如何能够编写出一套既有学理性又比较通俗的系列著作，这既是对教学效果的巩固，又奠定了进一步提高教学质量的基础，同时也能探索出一条集教学、学术和宣传一体化的关于延安时期党的历史和理论研究的新道路来。最早提出这一想法的是本丛书的负责人陈答才教授。这两年来，他不断地给我说明这一想法，希望我能够组织学院的力量完成这一看似简单却并不容易的事情，而且他多次主动请缨，愿意负责这套丛书的整体设计和后期修改完善的工作，体现出一个前辈所秉持的学术集体主义和团队精神以及通过学术传承来扶掖后学的深厚情怀。

哲学上说，只有认识了事物，才能真正地理解事物。确实是这样的。在陈答才教授的一再推动下，我也开始认识到这一工作的重要性，尤其是在负责学校党史教学开展过程中越来越感觉到这一工作的重要性。在大家达成共识的基础上，我们开始组织起来开展研究。经过一年多的努力，终于形成了目前的这套丛书。在这个过程中，我们对如何聚焦主题研究开展团队合作也有了新的更深刻的认识，对在新的理论条件下如何阐释延安时期党的光辉历史、理论创新和延安精神，也有了更多更深入的把握。在这个意义上，这套丛书也是对如何讲好“延安故事”的一次新探索，相信这一探索对于后续的相关研究和教学会产生重要的影响。

2024 年 10 月

目录

引言

延安时期的爱国主义为何重要

“爱国”顾名思义，是公民对国家的爱。当“爱国”上升为一种“主义”，就不单单是一种个体的私人情感，更是一种公共性的理性之爱，是一种人民对待祖国的热爱崇敬之情。这种理性之爱既包含着天然的因素，同时也离不开后天的政治历史建构。作为一种天然的公共性情感，爱国与“同胞之爱”息息相关。一个人无法选择自己出生在什么样的家庭，同样，一个人也无法决定生活在什么样的国家。因而，爱国与热爱自己的亲人一样，是一种近乎天然的情感，这种天然的爱国主义情感正如人们对父母的依恋、敬爱情感一样，因而也是无条件的、先天的，是对祖先生活之地的守护，也是对子孙降生之地的维系。这种情感浓烈而复杂，是一个民族和国家最崇高最深远也是最持久的情感。托克维尔曾对这种爱作了说明：“有一种爱国心，主要来自那种把人心同其出生地联系起来的直觉的、无私的和难以界说的情感。这种本能的爱国心混杂着很多成分，其中既有对古老习惯的爱好，又有对祖先的尊敬和对过去的留恋。怀有这种情感的人，珍爱自己的国土就像心爱祖传的房产。”①

爱国主义是中华民族最自然、最朴素、最深层、最持久的情感。中华民族历来重视爱国主义精神的培植和锻造。“爱国主义是我们民族精神的核心，是中国人民和中华民族同心同德、自强不息的精神纽带。”爱国主义是中华民族的民族心、民族魂，是中华民族最重要的精神财富，是中国人民和中华民族维护民族独立和民族尊严的强大精神动力。一百年来，中国共产党一直是爱国主义精神最坚定的弘扬者和实践者，在团结带领全国各族人民进行革命、建设、改革实践的过程中，写下了中华民族爱国主义精神的辉煌篇章。

爱国主义是中华民族精神谱系传承中的关键因子，在中华传统美德传承谱系中最典型的表现就是“忠”。忠于国家就是爱国主义精神的重要体现，爱国主义也首先表现为对国家的忠诚如一。所以忠与爱国有着根本上的一致性和继承性。

---

①［法］托克维尔：《论美国的民主》，商务印书馆2013年版，第294—295页。

忠最早是指统治者对民众、社稷、国家的无条件奉献。传世文献中关于“忠”德的最早定义和解读是“所谓道，忠于民而信于神也，上思利民，忠也。”（《左传·桓公六年》）《左传·僖公九年》又言：“公家之利，知无不为，忠也。” 作为一种统治者的政治道德，忠要求不仅要为民众做好事，维护公共利益，同时还要“临患不忘国，忠也。”（《左传·昭公元年》）即，在国家危亡的时刻能挺身而出。忠也意味着对国家忠贞不贰、一心一意的情感。董仲舒言：“心止于中者一，为之‘忠’；持二中者，谓之‘患’。”（《春秋繁露·天道无二》）强调了忠德“一心一意”的内涵，“二心二意”则意味着隐藏祸患。

明清之际，“忠”之原始意义的回归对近代中华民族和国家观念的形成发挥了巨大作用，同时也助推了现代爱国主义情感的生成。进步思想家如黄宗羲、顾炎武、王夫之等对受君主专制荼毒的思想进行了反思，特别是顾炎武和王夫之等人均提出了区分“国”与“天下”，辨析“一君之私”和“天下大公”的政治观念。倡导应忠于天下的道义公平，抛弃忠于君主的私人利益。

近代以来，对维新运动、五四运动和革命浪潮产生巨大影响的思想家，包括严复、谭嗣同、梁启超等人主张将“忠君”和“忠国”区分开来，将“忠”更多地指向“国”而非君主。梁启超指出：“人民以国家为己之国家，则制造国魂之药料也，使国家成为人民之国家，则制造国魂之机器也。”强调国家意识对民众的重要启蒙作用。

在对忠德的现代化转化中孙中山先生功不可没。他在《三民主义·民族主义》中说：“我们现在说到忠于君，固然是不可为；说忠于国是可不可呢？忠于事又是可不可呢？我们做一件事，总要始终不渝，做到成功，如果做不成功，就是把生命去牺牲，亦所不惜，这便是忠。”

如果说以上都是关于爱国主义的理论梳理，那么延安时期中国共产党所引领和创造的爱国主义则更多地指向实践，指向对普通大众的爱国主义教育，从而揭开了中华民族爱国主义精神的崭新篇章。

鸦片战争以后，中国社会的危机日渐加深，面对国内外的层层压迫、步步紧逼，国已不国，普通劳动人民步步退让，苦难深重。但是到了延安时期，抵抗和斗争成为时代的风潮和主题。广泛的爱国统一战线的形成，爱国主义精神在普通民众身上得到广泛践行，使得中华民族不再是受侮辱、被损害的对象。近代以来，中华民族第一次自觉地主宰和掌握了自己的命运。

日本帝国主义的野蛮侵略给中国人民造成空前巨大的灾难，激起了中国人民的顽强反抗。在民族危机空前沉重，内忧外患有增无减的关键时期，中国共产党人在偏远之地延安，中国共产党为团结全国各民族一切抗日力量组成抗日民族统一战线，重新焕发了中华民族的爱国主义精神，对提振民族精神、凝聚民族力量、捍卫民族尊严发挥了巨大的作用。深重的民族危难激起了所有中华儿女普遍强烈的爱国主义情感，使得中华民族空前团结、民族意识空前高涨、抗战力量空前凝聚，爱党爱国的气氛空前热烈。日本发动大规模侵华战争，这个中国历史上前所未有的屈辱事件，大大地教育和培育了中国人民的爱国情感，在客观上使中国人民意识到了国家主权和独立自主的重大意义，激发了中国人民爱国情感和民族凝聚力的大觉醒、大团结和大抵抗。

正如习近平总书记所总结的："这是近代以来中国人民反抗外敌入侵持续时间最长、规模最大、牺牲最多的民族解放斗争，也是第一次取得完全胜利的民族解放斗争。这个伟大胜利，是中华民族从近代以来陷入深重危机走向伟大复兴的历史转折点，也是世界反法西斯战争胜利的重要组成部分，是中国人民的胜利、也是世界人民的胜利。"

正因如此，在抗日战争这一持久而艰难的民族独立斗争中，延安时期的爱国主义运动，无论从动员的广度还是斗争的深度而言都是史无前例的。面对国民党的不抵抗政策，一批批有识之士将延安看作是中华民族的新希望，是抗日救国，团结万众，为中华民族锚定航向的北斗星。"割掉皮肉还有筋，打断骨头还有心，只要还有一口气，爬也爬到延安城。”这是当时大部分有良知的中国人爱国心的真实写照。在民族危亡的关头，中国共产党依然扛起了拯溺扶危的重任，对抗日战争的胜利发挥了中流砥柱的作用。中华民族的爱国主义精神，在延安时期也得到了新的理论升华和实践突破：

其一，中国共产党卓越的政治领导力和正确的战略策略，指引了中国抗战的前进方向，唤起全体中国人民族意识的自觉和爱国心的深度觉醒，“在艰苦卓绝的抗日战争中，全体中华儿女为国家生存而战，为民族复兴而战，为人类正义而战，社会动员之广泛，民族觉醒之深刻，战斗意志之顽强，必胜信念之坚定，都达到了空前的高度”①。

其二，延安时期的爱国主义精神不但继承了中华民族优秀的爱国主义传统，而且也是基于中国共产党人长期的斗争经验，从而具备了崭新的时代特征和新的革命精神，对传统爱国主义精神的创造性转化和创新性发展，是爱中华民族与爱中国共产党、爱新中国的统一。中国共产党人来自人民，深植人民，为了人民，重构了爱国主义的深沉内涵——将“全心全意为人民服务”的革命宗旨升华为爱国主义的实质内核，内化于心，外化于行。

其三，延安时期的爱国主义精神追求的不仅仅是中华民族自身的独立富强，更是朝向马克思主义所倡扬的更广泛的人类解放事业，是对所有受压迫被剥削民族的同情和鼓舞，是一种真正的国际共产主义精神。抗日战争的胜利重新确立了中国在世界上的大国地位，中国共产党和中国人民赢得了世界爱好和平人民的普遍尊敬，中华民族赢得了崇高的民族声誉，同时也更加重视和珍惜人类的和平发展事业。

英国哲学家罗素在20世纪20年代曾对中国的爱国主义做过重要评论：“中国首先应当注重的是爱国主义思想。这种思想当然不是像义和团那样盲目地排外，而是秉着开明的态度，向他国

---

① 习近平：《在新时代继承和弘扬伟大抗战精神 为实现中华民族伟大复兴而奋斗》，《人民日报》2020年9月4日01版。

学习但又不受其支配。日本的侵略残酷地教会了知识分子和商人这种思想倾向。……我认为爱国主义精神是中国复兴所必不可少的。”[1]中国特色社会主义新时代，中国共产党迎来建党一百周年，我们正处于全面建设社会主义现代化国家，实现中华民族伟大复兴新征程的关键时期，回溯延安时期爱国主义的种种表现，对我们今天不忘初心、牢记使命具有重要作用。我们要着眼培养担当民族复兴大任的时代新人，始终高扬爱国主义旗帜，着力培养爱国之情、砥砺强国之志、实践报国之行，使爱国主义精神成为全体中国人民的坚定信念、精神力量和自觉行动。

①［英］罗素：《中国问题》，秦悦译，学林出版社1996年版，第191页。

第一章

始终高举抗日爱国主义伟大旗帜

一、始终紧紧把握民族独立主旋律

从整个人类发展史来说，中国是世界上文明发展最早的国家之一，中华民族也是世界上少有的、以国家形式延续了自身历史文化的民族。这不仅塑造了中华民族的物质世界和精神世界，也对人类社会发展作出了巨大的贡献，成为中国人民对自己的故土家园、民族和文化的归属感、认同感、尊严感与荣誉感的重要来源。爱国的基因，因此深深地镌刻在中华民族的基因血脉中。

然而，鸦片战争后，西方殖民主义者纷纷加入侵略中国的大军中，对中国进行了野蛮的掠夺，使中国人民一步步陷入了半殖民地半封建社会的深渊。这对任何有血性的中国人来说，那份至深至切的爱国主义情感是油然而生的，一阵又一阵的反帝热潮在中华大地上翻涌。1921 年 7 月，高举马克思主义旗帜的中国共产党成立了。

历史的车轮滚滚向前，但侵略者总是试图开历史的倒车。日本帝国主义者成为这些侵略者中最野心勃勃、行动也最为积极的一员，昔日，中国人民努力学习的“老师”，转眼成了中华民族有史以来遇到过的最凶恶的外来侵略者。他们吞并中国的野心由来已久，侵略的步伐不断推进，渐渐把中华民族逼向了亡国灭种的边缘。

自明治维新“脱亚入欧”后，日本就确立了对外扩张的目标，中国就是其中一个重要的战场。19 世纪末，日本发动了甲午战争，向中国索要巨额赔款，中国台湾岛、琉球群岛、澎湖列岛等地落入敌手；1905 年，日本战胜俄国，夺取了后者在中国东北的特权，1915 年，日本帝国主义提出了妄图独占中国的“二十一条”，不平等的交易所带来的阴霾，笼罩在中华大地的上空；1919 年在巴黎和会上，日本又试图接过德国在山东的特权……尤其是第一次世界大战之后，日方屡次的挑衅和侵略一再表明了中日矛盾正在不断激化：1925 年，日本侵略者枪杀中国工人顾正红，最终导致五卅惨案的发生；1928 年日本出兵山东，制造了济南惨案；

1931 年，侵华日军发动九一八事变武力侵占东北；1932 年炮制“伪满洲国”，使 3000 多万东北同胞饱受做亡国奴的痛苦。除了伪满洲国之外，日寇还操纵建立了各式傀儡政权，如冀东防共自治政府、伪中华民国临时政府、伪察南自治政府、伪晋北自治政府、伪蒙古联盟自治政府、伪维新政府、汪伪政权……中华民族，危机四伏。

如此种种，很快让中国人民明白了，日本侵略者出现在中华大地上的实质，并不是探险或者传播知识文化，更不像他们口中所说的“五族协和”“大东亚共荣圈”之类的那样美好。入侵中国后，日本帝国主义不仅在犯下了骇人听闻的暴行，残害、杀戮中国人民，还试图在精神上麻痹广大中国人，比如，逼迫、欺骗妇女去祭奠战死的日军，在占领区推行“日本化”教育，让尚处于懵懂无知的小孩子学习日本的文化和思想，接受针对中国人民特别是中国军人的军事训练，要求占领区的中国人民效忠天皇，并拍下照片进行虚假宣传，企图通过施行奴化政策，以奴化活动和奴化教育来腐蚀我们的民族意识，消灭广大中国人民的爱国思想，动摇中国人民的抗日意志，用血腥恐怖的行径来吓倒中国人，最终把中国变为日本帝国主义的殖民地。

面对资源被掠夺、国土不断沦丧、民族惨遭劫难、人民生命财产得不到保障的现实，没有一个有良知的中国人不咬牙切齿、心急如焚。手无寸铁的学生拿起了小旗走上街头游行示威，工人罢工、商人罢市，反日呼声愈来愈高。这种情绪就像看不见的洪流，只要得到进一步的引导，它将能冲破一切障碍，爆发出意想不到的、前所未有的力量。

然而，在九一八事变爆发前，面对日军的种种挑衅，国民党政府要求中国军队要“力避冲突”。1931 年九一八事变之后，国民党当局将希望寄托在成立于第一次世界大战之后的、主要受英法两国操纵的国际联盟之上。在日军铁蹄不断蹂躏中国大地时，仍对欧美当权者抱有幻想。在他们看来，欧美等大国，在中国有大量的生意、资金和人员，利益紧紧地和中国纠葛在一起，在中日之间的这场大战中，这些财主们，怎么都该居间调停，甚至出兵武力干涉的吧！因此，国民政府仍然将为“反共”大张舆论、加紧“围剿”中国共产党作为主要任务，却对侵华日军实行“不抵抗”，推行“攘外必先安内”政策。殊不知，自身全然无法掌控帝国主义之间矛盾丛生、危机四伏、摇摇欲坠的现存体系，更捍卫不了中华民族的真正权益。

相比之下，中国共产党人从来没有对沆瀣一气的帝国主义抱有一丝幻想，而是毅然扛起了抗日救亡的大旗。在九一八事变之后两天，中国共产党就发表了抗日宣言，表达了千百万爱国群众和志士的心声：中国人民要在争取中国民族独立、解放的总目标之下，坚决反对日本帝国主义强占东三省，进行反帝国主义反国民党的革命战争，以解放中国！中国共产党这种坚定的主张，把曾经占据一方的割据者也吸引过来了：在中国共产党的帮助和影响下，冯玉祥在察哈尔成立察哈尔民众抗日同盟军；广东的李济深和他的下属蔡廷锴发动“福建事变”要求联共抗日，等等。

然而，身处国民党“围剿”之中的中国共产党的艰难处境，并没能很快好转，自 1927 年国共合作的大革命失败以后，国民党对中国共产党员和革命群众实行大逮捕、大屠杀。中国共产党人以武装斗争反抗国民党反动统治，掀起了大地革命的风暴。1934 年 10 月，中共中央和各路红军被迫撤离根据地进行战略转移，开始了长征。两年后，历经磨难、但坚定以民族独立和人民解放为己任的各路红军，先后到达了陕北。人数虽然减少，力量却更为强大的中国共产党和中国红军，从此走上了新的征途。

为什么将陕北作为红军长征的落脚点和中国革命的大本营呢？因为，这里不仅保留了较好的革命力量，群众基础也比较深厚，更重要的是，中国共产党要尽可能到距离抗日前线不远而又便于对日作战的地方去。

中共中央和红军到达陕北时，《何梅协定》和《秦土协定》已经把华北主权拱手让给日本侵略者，各地同胞遭受磨难更加深重。从南方到陕北，一方面是日益深重的民族危难，一方面

1937 年 1 月，红军开进延安城，共产党领导中国革命的历史翻开新的篇章

是来自国内反动政府持续的仇视。山雨欲来风满楼，时局已经发生了变化，落脚到陕北的中国共产党又该实行一种什么样的策略好呢？

在 1935 年 12 月召开的瓦窑堡会议中，中国共产党紧紧围绕这些问题进行了讨论。会议认为，当前中国最大的危险，现在形势发展最大的特征，就是日本帝国主义“正准备并吞全中国，把全中国从各帝国主义的半殖民地变为日本的殖民地”。在半殖民地半封建的中国社会中，依旧是矛盾丛生，但是，再也没有比中日之间的民族矛盾来得更加主要、更加迫切的了。中国革命，包含了中国人民对日本帝国主义侵略者的革命。面对要把整个中国变成日本帝国主义的殖民地，把中国各族人民变成日本帝国主义的奴隶之侵略者，一切不愿当亡国奴，不愿充当汉奸的中国人的唯一出路，就是“向着日本帝国主义及其走狗汉奸卖国贼展开神圣的民族战争”。中国共产党的主要任务，就是团结起一切革命力量去反对当前主要的敌人——日本帝国主义与蒋介石。会议还提出红军要把国内战争同民族战争结合起来，准备直接对日作战力量和快速扩大红军规模作为行动战略方针。

1936年1月，中共以红军主要将领的名义致信原本遵照蒋介石命令前来“剿共”的东北军将士，提出：我们是中国人，要为中国的独立解放奋斗到底！救中国是我们中国人自己的责任！①在经过一次次对抗交战之后，曾参加围剿红军的各地实力派，早已彻底认清了蒋介石反动派打着所谓“保家卫国”旗号反对中国共产党等真正的抗日力量的险恶用心。很快，这些依靠军事实力在中国政治舞台上占有一席之地的力量，发现自己处于国民党当局要求反共和广大人民群众要求抗日爱国的矛盾之处。特别是张学良这位西北“剿总”的部队，走到哪里，都能看到中国共产党打出的“中国人不打中国人”“你们唯一的敌人是日本鬼子”“我们帮助你们打回老家去”等标语。这让每一个有良心的爱国军人感到佩服，不忍再继续同室操戈、置民族大敌于不顾，很快接受了红军的停战主张。在争取张学良抗日的同时，中共进一步加强了对杨虎城的说服工作。

1936年8月，中国共产党又发表了《致国民党书》，要求在抗日救国的总目标下实行“国共合作”。1937年1月，中共中央领导机关迁驻陕北延安，真正的爱国力量快速在这里汇聚，中华民族命运的转折，也在这里开启了。

1937年7月7日，日本侵略军在北平西南卢沟桥附近举行挑衅性军事演习，进而向中国守军发起攻击，制造了震惊中外的

①《建党以来重要文献选编（1921—1949）》第十三册，中央文献出版社2011年版，第14页。

1

2

1_
瓦窑堡会议旧址
2_
1936 年，周恩来、毛泽东、张闻天
在延安合影

卢沟桥事变，日本全面侵华战争由此开始。中国人民自此展开了气壮山河、血战到底的全国抗战。

侵华日军在近两周的时间内，在中国华北地区完成了包括兵力调动和坦克、火炮等重型武器运送等军事部署。日本帝国主义侵略者通过长期不断的蚕食，已经侵入我国腹地的平津地区，扼住我国的战略咽喉要道，中国人民实在是退无可退，再不抗战，实在不足以图存。

安身立命之所已经岌岌可危，爱国之心又岂容如此折磨。中国人民感觉头顶好像时刻举着一把把钢刀，心中压着一块块重石。对日军的暴行听之任之是绝不可能的。爱国之路又在何方？

这时，始终强调爱国就要抗日，抗日然后才能救国的中国共产党，吸引了全中国人民的关注。

在卢沟桥事变爆发的第二天，中共中央发布全国通电："全中国的同胞们！平津危急！华北危急！中华民族危急！只有全民族实行抗战，才是我们的出路！"这是真正的爱国者发出的呐喊！否则，在领土一省又一省地被外敌侵占，成千上万的同胞被人奴役，国家主权支离破碎的国家中生存，这样的国，究竟算什么国，这样的家，又算什么家！

这种诚意有多大呢？同一天，毛泽东、朱德、彭德怀等中共领导人致电蒋介石，表示全体红军将士愿意"为国效命"，"与敌周旋，以达到保卫国土之目的"。7月14日，红军总司令朱德为即将开赴抗日前线的将士写下了这样的题词："日本强盗夺我东三省，复图占外蒙，又侵我华北，非灭亡我全国不止。我辈皆黄帝子孙，华族胄裔，生当其时，身负干戈，不能驱逐日寇出中国，何以为人！我们誓率全体红军，联合友军，即日开赴前线，与日寇决一死战，复我河山，保我民族！保卫国家，是我天职！"7月15日，中共代表周恩来等人将《中共中央为公布国共合作宣言》交给蒋介石，宣言中提出发动全民族抗战、实行民主政治和改善人民生活等基本要求，重申中国共产党为实现国共合作的四项保证，指出"在民族生命危急万状的现在，只有我们民族内部的团结，才能战胜日本帝国主义的侵略”，并推动了后续的国共谈判。

在全国抗日救亡运动不断高涨的大气候和中国共产党倡议、不断催促合作抗日的情况下，国民党领导人蒋介石发表庐山谈话，正式宣布抗战。国民党政府对中国共产党由“围剿”到联合，对日本侵略者由妥协退让到正式抵抗，中国在以国共合作为基础的抗日民族统一战线旗帜下，开始了决定中华民族前途命运的举国抗战。

由于在国民党的初创时期，孙中山就针对挽救民族危亡的任务，提出了以“民族、民权、民生”为核心的三民主义，并通过辛亥革命建立了中华民国。因此，自蒋介石全面执掌国民政府大权以来，向来以民族和国家的正统自居，称中国共产党及其领导的革命军队为“共匪”，即使中共向来主张抗日救亡，也始终被敌视。国民党蒋介石等人的逻辑是：你要求我抗日，万一我和日本打得你死我活，输赢结果尚不好说，万一损失重大，你共产党还趁机坐大了，那这天下还姓“蒋”吗？于是，总是指责中国共产党仅以一分的力量抵抗侵华日军，却以七分的力量扩大自己的影响和实力，并以二分的力量应付国民政府，“唱衰”和“破坏”国民政府的“抗日”。

面对种种质疑，中国共产党始终把握住民族解放这个主旋律。好在，人民群众的眼睛是雪亮的！中国共产党得到了广大爱国人士的认可和支持。

人们发现，中共中央所在地延安和陕甘宁边区，虽然物质很匮乏，但是人们的战斗精神很饱满。窑洞不够住，将士们就和人民一起自己动手挖，这里有干部，但没有“长官”，也没有表示阶级的徽章，只在工作上严格地保持着责任等级。甚至连非共产党员在内，都互相称“同志”，吃穿用度的差别不大，大家和人民打成一片，都把主要的注意力放在团结抗日上。这和被老百姓讽刺为“前方吃紧，后方紧吃”的国民党当局的做派大不相同。

看到这一幕幕的，除了在延安土生土长的延安人民，还有从各地来的爱国者。实业家陈嘉庚就是其中一位。

陈嘉庚十几岁就远离家乡到南洋谋生，是一位华侨大实业家，更是一位热心的爱国人士。从辛亥革命起，他就筹款、捐款，热心支持中国革命。全面抗战爆发后，他作为南洋华侨筹赈祖国难民总会的主席为祖国四处奔走。1940 年 3 月，他率“南洋华侨回国慰劳视察团”到了国民党政府所在地重庆，想用他的力量帮助抗战。对于这样一位爱国者，国民党只当他做“财神爷”，安排了吃喝闲谈，派了专人去高规格地招待他。但是，曾经以为“蒋委员长的意志，即中国全国国民的意志”的陈嘉庚，在考察了很多地方以后对自己之前的判断产生深深的怀疑，特别是他看到国民政府统治下随处可见的黑暗、腐败和贪污，人民日日夜夜

1940 年，陈嘉庚率南洋华侨慰劳团回到祖国

在惶恐和不安中度日，他情绪难忍地给蒋介石写信、打电报反映情况。更加出乎他意料的是国民党的消极抗战——明明在胡宗南的军队中，大炮队、坦克车队、机关枪队、手榴弹队、骑兵队、步枪队样样齐全，装备良好，却为什么不到前线抗日？对国民党来说，打共产党比打日本侵略者更要紧吗！思来想去，他决定亲眼看看共产党的部队，便不顾阻挠，踏上了去延安的路。

在延安，抬头就是山，低头还是山。陈嘉庚在这里度过了他毕生难忘的九天。这里没有高档的酒楼接待他，但是丝毫不减毛泽东对远道而来的客人的热情。有一次，毛泽东请陈嘉庚吃饭，桌上只有白菜、咸萝卜干和一碗鸡汤。毛泽东说："我没有钱买鸡，这只鸡是邻居老大娘知道我有远客，特地送来的，母鸡正下蛋，他儿子生病还舍不得杀呀！"在这里，陈嘉庚看到身为中国共产党领导人的毛泽东和其他人一样，都住在窑洞里，窑洞不大，和自己到延安后被安排住下的一般大小。窑洞里面摆设简单，既是住处，又是办公室，屋内摆放了十来张大小高矮不一的木头凳子，一张旧式的乡村常见的小桌子，被用来当写字桌，屋里十分简朴。

陈嘉庚虽怀有迫切的救国热情，但也十分务实。他当时对中共进行反摩擦斗争不理解，因此，一有机会便将自己的疑惑尽数说出：在国共两党关系问题上，共产党是不是应该多作出让步，力求以团结求团结呢？毛泽东耐心地解释道，以目前状况看，国民党反动派日思夜想的问题，与其说是抗日，还不如说是怎样扫除中国共产党这个眼中钉、肉中刺。如果这种时候以团结求团结，不但团结搞不成，抗日的、爱国的、进步的势力一定会遭受摧残，中国共产党如要想真正抗日，并且最终取得全国抗战的胜利，必须对国民党反动派的进攻在适当的时机予以适当的还击，才能确保抗日统一战线的维持。团结依旧是我们的方针，但必须是进步基础上的团结。多次交谈下来，陈嘉庚对中国共产党、对毛泽东、对延安充满了敬意。后来，他还回忆道："我未往延安时，对中国的前途甚为悲观，以为中国的救星尚未出世，或还在学校读书，

1940 年 5 月底，几经曲折，陈嘉庚一行终于到访延安，
受到简朴而热烈的欢迎

其实此人已经四五十岁了，而且做了很多大事了，此人现在延安，他就是毛主席。”

延安的一切都和重庆如此不同，重庆使人愤怒，而这里到处洋溢着希望与活力。对于在延安看到的，听到的，陈嘉庚都留下了深刻的印象。他坚信这个政党是抗日的，是民主的，是爱国的，是真心实意为国家谋前途，为人民谋福利的。所以他断定：“国民党蒋政府必败，延安共产党必胜”，“中国的希望在延安”！

沟壑纵横的黄土高原，贫穷落后的山沟沟，见证了历史和人民的选择。全国抗战时期，在中国共产党抗日爱国旗帜的指引下，延安涌入大批的爱国青年和抗日志士，经过培养训练之后，又从这里奔赴抗日前线。

正是因为中国共产党人保持了救国的中心立场，为保障民族生存和独立解放，显示出了真正的爱国主义，使得“到延安去”成了当时中国大地上极为激励人心的口号。延安一没有升官的机会，二没有发财的机会，而且要到这个交通不便利的西北小城去，不仅要吃舟车劳顿之苦，还要面对随时都有可能被日军不长眼的子弹或者从天而降的炮弹夺去生命的危险。艰苦地远道而来，究竟是为了什么呢？无疑是为了抗日救国。由此可见。人们不是靠各种宣传才向往延安的，而是受到中国共产党革命信仰的指引，依靠同样的爱国心才走到一起的。他们凭借着极高的爱国热情与创造力，成为建设未来社会的一分子，逐渐融入将来新中国力量的蓄水池之中。

当时，一些同情中国共产党、渴望团结统一的民主人士和对抗日的延安有好感的国际友人会不解地问：你们不能取消中国共产党这个“可怕”的名称吗？如果适当地改一下，会使大家更易于了解你们的目的和将来的打算，这样会便利于和你们合作，进行反日战争。中国共产党人往往表示：绝对不能改变名称，因为他们是，而且愿意继续是共产党。

延安时期，中国共产党人始终坚持抗战救国的正确政治方向，始终代表全国人民的根本利益。中国共产党用它的一切主张与行动证明了，中国共产党人是革命的马克思主义者，更是热爱祖国的马克思主义者。它把彻底解放中华民族，当作自己身为炎黄子孙的责任，更当作自己身为中国无产阶级先锋队的责任，并把这些责任实实在在地担起来了。

二、一切从抗日救亡这个国家的最高利益出发

中国共产党高举抗日爱国大旗的目的，就是促使全国各族人民广泛团结起来，为抗日救亡这一国家最高利益而奋斗。延安时

期，在团结抗战和分裂倒退、全面抗战和片面抗战、坚持抗战和中途妥协之间，中国共产党始终作出了正确的选择。

围绕着维护国家利益这一目标，最复杂的莫过于处理好以国共两党关系为主的一系列问题了。大革命失败后，国民党反动派残杀了千千万万的共产党员，欠下了累累血债。如今两大政党再度坐下谈合作，他们的关系如何发展，影响着国家的未来走向和民族的命运，自然时刻牵动着千万抗日军民的心。

曾经，国民党担心中国共产党利用西安事变“趁火打劫”、扩大内战。但他们难以料到的是，中国共产党能始终以大局为重，以国家和民族利益为重。毛泽东明确指出：“蒋介石的头杀不得。杀了头，日本鬼子高兴，亲日派高兴。中国就要发生大规模的内战，给日本帝国主义大举入侵中国以可乘之机。我们的主张是让他答应我们提出的条件而放之，叫作逼蒋抗日嘛。”为了国之大计，中国共产党四处奔走，坚持对双方冲突实行和平调解的方针，才使当时内战危机得以避免。

中国共产党认为，国共合作抗日的基础，正在于“抗日”。在整个抗战期间，对待国民政府的种种“要求”“命令”，凡有利于抗日救国这一大前提的，中国共产党可以说是一再忍让。

在合作抗战之初，最主要的分歧就是国共两党采取什么形式抗日，以及中国共产党如何改编这两个问题。按照国民党的意思，是在政治上建立一个“国民革命同盟会”。这个方案，要求以蒋介石为主席，对一切的行动和宣传握有最终的决定大权。这种名为“为民族利益”，实则试图逐步在组织上取消中国共产党、消解真正的抗日力量的企图被识破，但是为了中华民族抗日大计，中国共产党同意建立这样一个同盟会，但是要先制定一个合适的共同纲领，使两党的合作有法可依。

在军事问题上，中国共产党提出组织抗日联军，国民党则坚决要把红军改编为国民革命军的一部分。中国共产党作出让步之后，双方又就编多少部队、指挥权如何安排和人事怎么任命等问题展开争论，特别是国民党一方非常希望它的“难缠的老对手”

红军开赴抗日前线

毛泽东和朱德“出洋”，远离国内一切事务，不希望设立统一的指挥机构。对待国民党这种“收编”的态度，坚决想要担负起救国救民重大历史责任的中国共产党，始终围绕着抗日这个大局进行了据理力争。后来声名远扬的八路军和新四军，就是在这样的状况下诞生的。

抗日民族统一战线建立起来后，就连老幼妇孺都知道，要去维护抗日救亡这个最高国家利益了。

但是，甲午战争中中国惨败。三四十年过去了，当时的中国，尽管刚刚推翻了剥削中国人民数千年之久的封建帝制，但积贫积弱已久，军阀混战不断，长期被帝国主义势力侵扰，中日双方的军事实力和经济实力有着巨大差距。要中国再一次面对这个强大且暴行无数的敌人，出路在何处呢？中国人民该如何改变自己的弱势，摆脱亡国灭种的命运呢？

国家与民族前途未卜，面对强敌，有像汪精卫那样只看到张牙舞爪的日本拥有强大的武力，一开始就被恐日的情绪所包围、被帝国主义的淫威所吓倒、看不出中国拥有得道多助的优势的；也有像王明那样，认为中国共产党和中国工人阶级比较弱小，应该主要依靠国民党蒋介石领导抗战，提出“一切为了统一战线，一切经过统一战线”的；更有像国民党统治集团那样，在抗日中时不时表现出妥协、分裂、倒退倾向；更有一些亲日派，虽然不敢直接投降日本，暂时地留在了抗日的阵营，但是经常散布抗日必败的“亡国论”者；还有一些只看到中国抗战以来的有利方面，不承认敌强我弱的这个基本事实的“速胜论”者，喧嚣之中，同样不乏“发国难财，吃磨擦饭”的……

这说明，中国广大爱国主义者急需一套可以指导弱者对抗强者以动员和指导人民抗战的科学理论。也就是说，在抗日民族统一战线形成之后，中国共产党同国民党以及其他一切抗日派别的区别和争论，已经不再是是否应该抗日的问题，而是如何争取抗战胜利的问题了。

自日本帝国主义悍然发动对华侵略战争以来，在它无情的枪炮之下，成千上万的中国人民死难，遗体被随意丢弃，骨骼甚至被做成烟斗供日军抽烟用。沦陷区里，百姓流离失所，饱尝家破人亡之苦，这些，时时刻刻都在摧残着中国人民的身体和意志。这也说明，这场发生在中国国土之上的抗日战争，对广大中国人民而言，不是某一地、某一个人的战争，而是一场规模空前的反法西斯战争，是为解放民族和解放人民而进行的斗争，必须依靠广大人民群众，组织起来，聚合一切力量。

中国的四亿五千万民众，恨透了这些杀人放火的日本侵略者。如果能团结起来，一致对外，形成全国的抗日局面，民族独立解放必将实现。正像毛泽东说的那样："战争的伟力之最深厚的根源，存在于民众之中。日本敢于欺负我们，主要的原因在于中国民众的无组织状态。克服了这一缺点，就把日本侵略者置于我们数万万站起来了的人民之前，使它像一匹野牛冲入火阵，我们一声唤也要把它吓一大跳，这匹野牛就非烧死不可。"①

国民党在抗战初期，表现出了一定的抗日积极性，先后进行了平津、淞沪、沂口、徐州以及保卫武汉等战役，并取得了台儿庄战役的胜利。但是，由于敌强我弱的总态势和国民党实行片面抗战路线，正面战场的战局处于非常不利的境地。

1937 年 8 月，中共中央政治局在陕北洛川召开了会议，认为抗日战争是全面的各民族的整体抗战，只有动员全国各族人民、依靠广大群众，实行人民战争，才能制止帝国主义的暴行，赢得反侵略和民族解放战争的胜利。为了使抗日救亡这个符合国家根本性利益的任务可以顺利完成，中国共产党要冲破国民党的种种限制，放手发动群众，建立抗日民主根据地，开辟敌后战场，使之与正面战场配合，独立自主地动员和团结全国人民，在国统区开展抗日民主运动，保证抗战的胜利成为人民的胜利。

中国共产党和广大中国人民以自身的主动性、确定性来应对形势的不确定性。为了把抗日战争引向最终的胜利，毛泽东在《论持久战》中分析道：一方面虽然日方的军事和经济实力都很强，也已经侵占了中国的大片领土，但是它作为小国，无论从资源上，还是兵力上，都很难长期维持全面彻底的占领，在占领区必然留下很多空隙，这给中国人民进行广泛而持久的抗日游击战争提供了便利条件。因此，日本侵略者的进攻能在中国横行一时，但它最终必然走向灭亡。而且由于日军挑起战争的非正义性、野蛮性，必然失败。另一方面，中国目前是一个大而弱的国家，其抗战必然要经过一个较长的艰难过程，要经过战略防御、战略相持和战略反攻三个阶段，但中国处于进步上升的时代，加之人多、兵多，必定能取得最终的胜利。

---

①《毛泽东选集》第 2 卷，人民出版社 1991 年版，第 511 页。

1

2

1_
洛川会议旧址
2_
毛泽东在窑洞中写作

中国共产党极具先见之明地，第一个令人信服地分析和指明了抗战的道路、前途和命运，说明中国共产党发出“抗日爱国”的高喊，并非一句毫无内容的轻飘飘的口号。

决定战争胜败的另一个要素还在于军队。中国共产党认识到了这一点，日本侵略者也认识到这一点。所以，它不仅在一开始就将200多万庞大军队的国民党作为主要打击对象，还将“伪满洲国”视为支撑日本进行侵略战争的最大兵站基地，伪满于1940年颁布了“国兵法”，规定满19岁的青年必须完成三年的兵役。实质上怀的就是“利用中国人帮日本人打中国人”这样的险恶用心。

中国共产党的兵源补充则是完全不同的情况。即使国民党当局千方百计阻挠和破坏，乃至于派大军镇压，中国共产党依然把主动投入战斗、广泛发动人民而不是静待国民党军队在正面战场上取得胜利作为重要的行动方向，在国民党军溃败的地方以及它鞭长莫及的敌后地区，建立起了形式多样的抗日武装，筑起了人民战争的铜墙铁壁，而这些快速发展的抗日武装力量大多曾经是普通的爱国民众。甚至往日的庄稼汉，在抗日武装力量组织起来之后，他们也成为一手拿锄头，一手拿枪杆的神兵悍将了。

为了给抗日战争提供后方大本营，中共中央还特别重视加强人民军队和根据地的建设。除了中共中央所在的陕甘宁根据地，晋察冀、晋冀鲁豫、晋绥、山东、苏浙、浙东、苏中、苏北、淮北、淮南、皖江、豫西、鄂豫皖湘赣、东江、琼崖等多个抗日根据地像雨后春笋一样在敌后出现，成为广大爱国主义者武装抗日的核心堡垒 。中国共产党人在中华大地建立了大小19块抗日根据地，四处摆开了爱国杀敌的战场，形成了人民战争的汪洋大海。

有了根据地，依靠人民的信任和参与，再加上农村基层政权的配合，中国共产党领导广大抗日军民在敌后战场进行了卓有成效的游击战。战斗中的中国共产党人消息灵通、情报准确，即使面临强敌，也往往能及时跳离包围圈。这样既灵活巧妙地避开了日军锋芒、保存了有生力量，又化零为整、收复了失地。日伪军常常捕捉不到中共军队的主力，经常徒劳无功，挫折之余，只能气急败坏。对日军来说，他们面对的像是一个谜一样的战场，他们的对手中国共产党就像个谜一样的组织，而中国共产党领导的抗日武装则拥有谜一样的战技。

曾经了解到这种情况的爱国诗人赵启海和爱国曲作家冼星海深受启发，二人合作写下了后来传遍大江南北的抗日歌曲《到敌人后方去》，成为中国共产党带领抗日军民进行伟大斗争的真实见证。歌词是这样的：

到敌人后方去，
把强盗赶出境。
不怕雨，不怕风；
抄后路，出奇兵；
今天攻下来一个村，
明天夺回来一座城；
叫强盗顾西不顾东，
叫强盗军力不集中。
到敌人后方去，
把强盗赶出境。
两路夹攻才能打得赢，
两路夹攻才能打得胜。
到敌人后方去，
把强盗赶出境。
不论西，不论东；
从北平，到南京；
到处有我们的游击队，
到处有我们的好弟兄；
看日本军阀有什么用，
看日本军阀有什么用。
到敌人后方去，

把强盗赶出境。
我们的旗帜插遍东三省，
我们的旗帜插遍了黄河东。
到敌人后方去，
把敌人赶出境。

尽管中国共产党担负起了在敌后抗击日军的主要使命和责任，但时机一成熟，就会全力配合正面战场的国民党抗日部队。比如，八路军的三大主力——一五师、一二〇师和一二九师通常各自负责好几个地区的敌后抗战，相互协作抗日，很少同时出现在一次战斗中。然而有一次，为全力掩护国民党军队撤退和太原军民的转移，八路军主力中分属一一五师和一二九师的两大劲旅却在山西省昔阳县广阳这个当时仅有200来户人家的小村镇打了一场伏击战，集中歼灭了正在围追国民党抗日力量的装备精良的日军，获得全胜。为此，国民党第二战区前线总指挥卫立煌曾经亲自拜会八路军总司令朱德，诚恳地表示：八路军的确是抗日的，是复兴民族的最精锐的部队，尤其是抗日的方法和经验都非常丰富。

应该说，除了游击战之外，中国共产党还领导抗日军民开创了窑洞战、联防战、捕捉战、地雷战、地道战、麻雀战、破袭战、拔点战、攻心战、坚壁清野等巧妙而又实用的战法，创造了一个又一个抗日战争中的奇迹。

延安时期，除了爱国军事斗争，中国共产党还把政治、经济、文化等各个战线的各种形式的斗争有机结合起来。1941年至1942年是日本法西斯最猖狂的时期，也是中国抗战最艰苦的时期。太平洋战争爆发后，为了尽快将中国变成它在整个太平洋战场的后方基地，日本侵略者不仅在占领区加紧进行了疯狂的殖民统治和经济掠夺，还大肆实行残酷的“扫荡”“清乡”“蚕食”。1941年，日军将陆军人数增加到210万，除了留在本土和用来继续往南进攻的各40万兵力，把其余的全部力量压在了中国战场上。由于敌后战场国共势力的消长，日军的注意力越来越指向中共敌后抗日根据地，并且改变了策略，对国民党军队以诱降为主，把作战重点引向中国共产党领导的敌后抗日根据地和八路军、新四军。

眼看着抗战已经进入相持阶段的国民党反动派同样按捺不住反共的冲动，也顾不上以前曾经好不容易达成的国共团结合作抗日的承诺了，停发八路军、新四军的一切军饷和经费，对中国共产党领导的抗日根据地进行了包围封锁。他们认为，即使原本军纪相对优良的一些国民党部队，也会因为给养不足而沦落到抢掠群众的粮食财物的地步，在人民群众口中落得个“土匪”的名号。那么，只要调集几十万军队包围陕甘宁边区，对其实行严密的军事包围和经济封锁，肯定也可以“困死八路军、饿死八路军”。所以，处于重重包围之下的陕甘宁边区一度处于“没有衣穿，没有油吃、没有纸、没有菜、战士没有鞋袜、冬天没有被盖”的艰难境地。

面对这样不利于抗日和自身生存与发展的困境，中共中央提出了“自己动手，丰衣足食”的动员口号，号召抗日爱国军民展开生产自救。陕甘宁边区最先开始成立了总生产委员会，在各级生产委员会的带动下，边区军民自力更生，奋发图强，开展了轰轰烈烈的大生产运动。1941 年 3 月，王震还率领八路军三五九旅开进了南泥湾垦荒。

为了战斗的胜利而进行经济建设，广大爱国军民都是积极拥护的，但是也有一些士兵产生了一些模糊认识。比如：和“来钱快”的商业相比，农业生产是不是“远水解不了近渴”？如果商业需要大的本钱搞不起来，是不是可以挖煤窑、开盐井，以搞手工业为主？是不是把部队开到边区和国统区交界，通过出卖劳动力换取工资？参加生产，又会不会对抗击日本侵略者造成消极影响呢？针对种种疑问和错误思想，中国共产党通过各级党的代表大会、军人代表大会作了系统的分析和批判，耐心地向抗日军民说明了生产劳动不仅仅是为了自己，也是为了支援更大范围的抗战，争取中国革命的早日胜利，军队参加生产劳动还可以改善军民关系，使军民更加团结一致抗战，所以生产任务就是战斗任务。种种疑虑被打消后，毛泽东、朱德还带头开荒种菜，周恩来、任弼时带头学习纺线，陈云带着组织部的同志到处收集牛粪当种菜的肥料……在学习劳动模范、开展劳动竞赛的浓烈氛围中，抗战的胜利逐渐有了坚实的经济基础。

在文化斗争方面，毛泽东指出："宣传上要做到群众喜闻乐见，要大众化。现在很多人谈旧瓶新酒，我看新瓶新酒、旧瓶新酒都可以，只要对抗战有利。"为了将海内外许多抱有爱国救国之志的知识分子、作家、艺术家和文艺工作者团结起来，为了将人民真正需要的文艺发展起来，1942 年 5 月，中共中央宣传部

八路军驻延安部队召开生产动员大会

在延安杨家岭召开了文艺座谈会，毛泽东发表了讲话。他指出，为了革命文艺的正确发展，必须要向人民学习，加以改造，然后交还给人民，成为人民自己的东西。要和孤芳自赏、舞文弄墨，导致出现了诸种思想混乱问题的国统区文人有根本的区别。号召“中国的革命的文学家艺术家，有出息的文学家艺术家，必须到群众中去，必须长期地无条件地全心全意地到工农兵群众中去，到火热的斗争中去，到唯一的最广大最丰富的源泉中去”。

“只要对抗战有利”，成了广大围绕在中国共产党周围的爱国文艺工作者在创作中始终坚守的信条。在中共中央的号召下，延安和陕甘宁边区掀起了新秧歌运动。爱国作家们从民间吸取新鲜题材，用老百姓熟悉的语言，密切结合政治运动和生产斗争进行了秧歌创作，大大鼓舞了广大爱国群众。比如，其中有一个新式秧歌作品，无论是干部还是普通农民，都很喜欢看，叫作《兄妹开荒》，内容是解放区一位响应中国共产党的号召，在山上开荒的哥哥，远远看见妹妹送饭来了，想和她开个玩笑，就躺在地上装睡。妹妹过来了，以为哥哥在偷懒，就正正经经地劝他，哥哥不但不听，反而故意逗她生气。妹妹气得快要哭了，他才说明其实是在开玩笑。这样就把战争之下普通劳动者的活力、幽默以及对革命的热情表现出来了。像这样的作品还有许多。为了培养革命的文艺工作干部，中国共产党还在延安建成了“鲁迅艺术学院”，使鲁迅的爱国精神滋润、感染着中国人民。延安不仅仅是爱国军民的抗日武装指挥中心，也逐渐成为中国爱国抗战文化的司令部。

中国共产党在敌后战场领导人民开展的这些形式多样的抗日斗争，使得侵华日军对中国抗日军民的很多次野心勃勃的打击最后都成了泡影。

三、成为一把把带来胜利光芒的火炬

毛泽东曾经指出：中日战争不是任何别的战争，而是半殖民

1

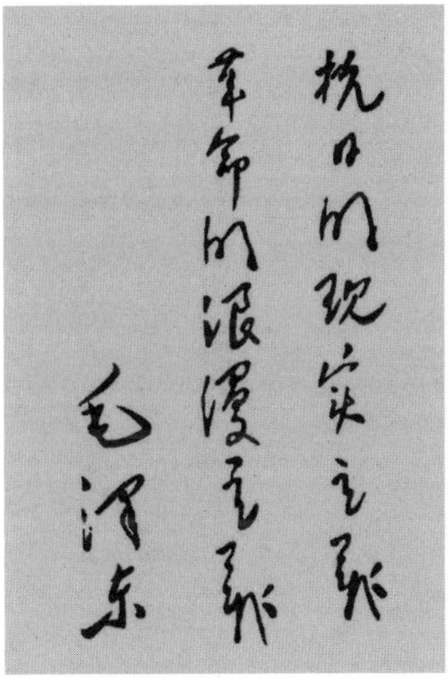

2

1_
鲁艺成立之初，全体师生合影
2_
毛泽东为鲁艺题词：“抗日的现实主义，革命的浪漫主义”

地半封建的中国和帝国主义的日本之间在20世纪30年代进行的一个决死的战争。日军的对华侵略战争，从根本上说，是法西斯主义的行径，给其他国家和民族造成了重大牺牲，留下的，不过是掠夺、饥饿、虐待、屠杀和伤痛。

但是，日本政府却把这场战争称作“圣战”，叫嚣着要“膺惩暴支”。自1931年九一八事变以来，由于日本在国际联盟上失道寡助，遭受到挫败，日本政府就给日本民众造就了“国难来临”的强烈危机感。1937年卢沟桥事变中，日军将自己“遭到非法攻击”、一名士兵“去向不明”作为战争借口。实际上，这种“非法攻击”的由头，不过是由于“听到了”枪声，而所谓的“失踪”，不过是这名士兵自己去附近田地里大便罢了！侵华全面战争爆发后，在日本国土上几乎所有的宣传媒介中，到处涌动着一股股的排外热潮和军国主义热潮，鼓励民间积极开展国防捐款、志愿从军等各种支持战争的活动。使日本人民原本自然纯粹的爱国心，被诱导、异化为对这场原本并不正义战争的“献身”上来。这显示了帝国主义者将“爱国”利用到坏的倾向上去、用国家的名义号召他们的民众去对别国进行侵略的目的。这种“爱国”和中国广大人民群众的爱国主义有着完全不同的内容。

抗日战争时期，中国人民的性命仿佛时刻被放在刀俎之上，能活下来每一秒都很是不易。但中华民族绝不是一群绵羊，而是富于民族自尊心与人类正义心的伟大民族。为了民族自尊与人类正义，为了中国人一定要生活在自己的土地上，中国人民必须进行顽强的斗争。因此，这一时期中国人的爱国主义，直接地体现为救国救亡，即通过全民族的斗争，摆脱帝国主义、殖民主义、法西斯主义及其代言人的统治，把亡国奴或亡国奴威胁的锁链摆脱掉。而中国共产党人用可歌可泣的英勇事迹，书写了不怕牺牲、舍生取义的爱国主义不朽篇章，震撼了祖国的三山五岳，成为一把把为中国人民带来胜利光芒的火炬。

延安时期，响应革命号召加入中国共产党的人数激增，但中国共产党从来没有为壮大自己而牺牲抗日斗争的，也从来没有故意为了“保留实力”而对抗日活动消极懈怠的，倒是在英勇抗日的同时，受到了国民党反动派的反对和镇压，吃了不少苦头。国民党著名将领白崇禧曾经说：“有人认为打游击战乃保存实力之作法，殊不知敌后游击，任务极为艰巨，因补给困难，且多半以寡抵众，以弱抵强，故必须官兵加倍淬砺奋发，机智勇敢，绝非保存实力者所能胜任。游击战不打无把握之仗，此与孙子所云‘合于利而动，不合于利而止’，唐太宗所云‘见利速进，不利速退’，有异曲同工之妙。”①

中国共产党及其领导的人民武装力量，为夺取抗日战争的胜利，发挥了中流砥柱作用。1937 年 9 月下旬，八路军在平型关取得全面抗战以来中国军队的第一场胜利后，朱德、彭德怀收到了蒋介石发来的贺电：“二十五日一战，歼寇如麻，足证官兵用命，深堪嘉慰。尚希益励所部，继续努力。”②这一战，一下子就打出了八路军的名气，不仅深受群众欢迎，还有大批爱国青年纷纷报名参军入伍，投身到革命事业之中。

全面抗战以来，中国共产党领导的人民武装力量英勇作战 12.5 万余次，以伤亡 61 万余人的重大代价，歼灭日伪军 171.4 万余人，其中日军 52.7 万余人，收复国土 104.8 万余平方公里，解放人口 1.255 亿，到抗日战争胜利，中国共产党领导的正规军和地方武装发展到 132 万人，民兵达 268 万余人，为中国共产党领导全国人民夺取新民主主义革命的胜利奠定了坚实的基础。

爱国不在空谈，而在于有爱国的“真精神”和“真行动”。正所谓抱爱国之心，负爱国之责，行爱国之举。如果没有对祖国怀有无私的、深厚的感情，没有时刻为祖国利益英勇献身的精神，没有对维护国家的利益具有高度的责任感，没有把个人的前途命运同国家、民族的前途命运紧紧联系在一起，英勇斗争，不怕牺牲，就不能称之为爱国主义者。

历史经验证明，中国共产党人正是中国历史上最忠诚、最坚

---

①《白崇禧先生访问录》，中国大百科全书出版社 2009 年版，第 353 页。

② 军事科学院军事历史研究部：《中国抗日战争史》（中卷），解放军出版社 2005 年版，第 40 页。

定、最彻底的爱国主义者。在民族存亡最危急的时刻，共产党人始终站在抗日救国的第一线，为了民族的解放，用青春和生命铸起了中华民族坚强的脊梁，带领中华民族踏上了涅槃之路。他们中的大多数人，本来就是因为看到近代以来帝国主义侵略、压迫与中华民族独立、生存之间的不可调和的矛盾，不能忍受伟大的祖国受到帝国主义的侵略和蹂躏，才以高度自觉的民族意识和强烈的爱国主义精神奋起革命，走到马克思主义的旗帜之下，加入中国共产党，为中华民族谋取独立和解放。他们对自己祖国忠诚、热爱，他们时刻准备去保卫祖国。

相反，当日军发起“热河作战”时，当时的国民政府热河省主席、奉系军阀汤玉麟不仅没有怀着民族大义进行反抗，还视财如命，忙着征集卡车把能带走的钱银财物都运往关内。而在1945年，属于全中国人民的胜利即将到来的时候，蒋介石甚至还一边下令日伪军不得向中国共产党领导的抗日部队缴械投降，一边急匆匆地跑出来抢夺胜利的果实。

1937年，朱德对奔赴抗日前线的红军将士说“日本强盗夺我东三省，复图占外蒙，又侵我华北，非灭亡我全国不止……我们誓率全体红军，联合友军，即日开赴前线，与日寇决一死战！”这种对国家和民族发展前途、历史命运的崇高责任感，在这位年过半百的共产主义战士写给家人亲属的信中，同样也展露无遗。51岁的朱德在率八路军总部奔赴山西抗日前线的途中，写了一封家书，这是他近10年来写的第一封家书。信中写道：“近来，国以（已）亡三分之一，全国抗战已打了月余，我们的队伍已到前线，我已动身在途中。对日战争，我们有信心并有把握打胜日本。”在回信中，他又写道：“我虽老已五十二岁，身体尚健，为国为民族求生存，决心抛弃一切，一心杀敌。”他不仅一心一意，忠实地践行自己的誓言，还呼吁身边更多的人投身到救国救民的抗日爱国伟大事业中来。在另一封写给亲属的信中，他又写道：“如欲爱国牺牲一切能吃劳苦之人无妨多来。”在山河破碎的危机面前，优秀的中国共产党人始终以一种精神的纯度和人格的高度告诉人们，什么是民族大义，什么是家国大爱，也始终擎着火炬，散播革命的火种。

中国共产党人以实际行动对抗日战争进行了阐释。在整个延安时期，除了日本侵略者，中国共产党要应对的另一个主要的麻烦，是消极抗战的国民党反动派。反动派把国民党、国民政府和国民党军队视为一体，但是中国共产党要求他的军队和党员把对于国家和人民的热爱和忠诚作为第一项义务。因此，反动派越是和中共发生摩擦，在对日军作战上所受到的军事挫折越大，也就越是动摇自己在敌后战场的统治。

抗战之路并非坦途。在全国各族人民团结抗战的艰苦岁月中，中国共产党人为什么能做到在危险面前不退却，困难面前不屈服，胜利面前不松懈，成为民族的脊梁和国家的中流砥柱呢？归根到底还是由于马克思主义科学理论以及共产主义信仰伟力的指引。

被誉为“延安五老”之一的谢觉哉曾经说过：爱国最关键的还是在于爱自己为祖国所从事的伟大事业。红军长征之初，担任中国工农红军北上抗日先遣队总司令的中国共产党人方志敏在不幸被捕之后，用敌人劝降他的纸和笔，在狱中写下了《可爱的中国》，通过他自己的亲身经历，概括了中国从五四运动到第二次国内革命战争以来的悲惨历史，愤怒地控诉了帝国主义肆意欺侮中国人民的种种罪行。他满怀爱国主义激情地呐喊，祖国是“生育我们的母亲”，正在被帝国主义吸她的血液，被恶魔伙同汉奸军阀杀害。他高呼“母亲快要死去了”，“救救母亲呀！”而挽救祖国的“唯一出路”，就是进行革命的武装斗争。东北抗日联军第一路军总司令杨靖宇在牺牲时，日军十分疑惑他为何可以缺衣少食地在冰天雪地里与强大的敌人周旋多日，于是，残忍地剖开了他的遗体，发现他的胃里全是枯草、树皮和棉絮，没有半颗粮食。这样的一位生前高喊“国既不国，家何能存”，牺牲后成为广大爱国人民群众的一座精神丰碑的人，正是中国共产党的优秀代表。

中国人民抗日战争胜利是以爱国主义为核心的民族精神的伟大胜利。爱国主义是我们民族精神的核心，是中国人民和中华民族同心同德、自强不息的精神纽带。面对国家和民族生死存亡，全体中华儿女同仇敌忾、众志成城，奏响了气吞山河的爱国主义壮歌。爱国主义是激励中国人民维护民族独立和民族尊严、在历史洪流中奋勇向前的强大精神动力，是驱动中华民族这艘航船乘风破浪、奋勇前行的强劲引擎，是引领中国人民和中华民族迸发排山倒海的历史伟力、战胜前进道路上一切艰难险阻的壮丽旗帜！

1

2

3

1_
方志敏像

2_
杨靖宇像

3_
1945年9月日本投降

第二章 抗日民族统一战线：中国共产党对爱国主义精神的生动诠释

爱国主义体现了人们对祖国的深厚感情，揭示了个人对祖国的依存关系，是人们对自己家园以及民族和文化的归属感、认同感、尊严感与荣誉感的统一。爱国主义是中华民族宝贵的精神财富，是民族精神的核心。在抗日战争中，爱国主义表现为威武不屈、英勇顽强的民族意志。在强敌压境、民族危难之际，中国共产党以自己最坚定的意志、最果敢的行动、最无私的奉献，成为发动人民、团结人民、组织人民的中坚力量，成为反抗民族压迫、争取民族解放的中流砥柱，成为弘扬和践行爱国主义精神的杰出代表。中国共产党人不仅是爱国主义传统的继承者和弘扬者，而且在抗日战争中把传统的爱国主义推进到了一个崭新的阶段，建立起了空前广泛的抗日民族统一战线，极大地增强了中华民族的凝聚力。抗日民族统一战线奠定了中华民族抗战的政治基础，筑成了一道坚不可摧的万里长城。

一、同仇敌忾、共赴国难就是最大的爱国

爱国，就要爱祖国的大好河山。“禾苗离土即死，国家无土难存”，祖国的大好河山，不只是自然风光，还是主权、财富、民族发展和进步的基本载体。因此，领土完整涉及国家的重大核心利益，每一个爱国者都会把“保我国土”、“爱我家乡”、维护祖国领土的完整和统一，作为自己的神圣使命和义不容辞的责任。爱国主义是历史的、具体的，在不同的历史条件和文化背景下所形成的爱国主义，总是具有不同的内涵和特点。爱国主义的丰富性和生命力，正是通过它的历史性和具体性来表现的。延安时期，爱国主义主要表现为推翻帝国主义、封建主义和官僚资本主义的反动统治，把黑暗的旧中国改造成光明的新中国。

随着日本帝国主义对中国侵略的加深，中华民族陷入了空前的民族危机。为挽救民族于危亡之中，中国共产党推动建立了抗日民族统一战线。从“八一宣言”到瓦窑堡会议，中国共产党为抗日救国鼓与呼，从提出“停止内战、一致抗日”的主张到建立

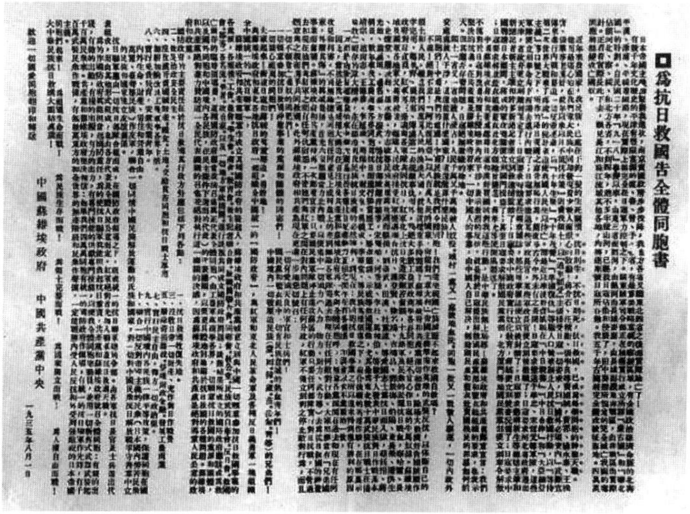

為抗日救國告全體同胞書

中國蘇維埃政府 中國共產黨中央

一九三五年八月一日

《八一宣言》全文

一个最广泛的抗日民族统一战线，始终将民族国家利益摆在至高无上的位置。

1935 年 10 月，以中华苏维埃共和国中央政府和中共中央名义在法国《救国报》上发表了《为抗日救国告全体同胞书》（通称《八一宣言》）。信息传向国内后，在社会上引起了重要影响，《八一宣言》第一次提出建立抗日民族统一战线的主张，呼吁全国各党派、各军队、各界同胞，集中一切国力去为抗日而奋斗。面对“领土一省又一省地被人侵占，人民千万又千万地被人奴役，城村一处又一处地被人血洗，侨胞一批又一批地被人驱逐，一切内政外交处处被人干涉”，呼吁“无论各党派间在过去和现在有任何政见和利害的不同，无论各界同胞间有任何意见上或利益上的差异，无论各军队间过去和现在有任何敌对行动，大家都应当有‘兄弟阋于墙外御其侮’的真诚觉悟，首先大家都应当停止内战，以便集中一切国力（人力、物力、财力、武力等）去为抗日救国的神圣事业而奋斗。”①

1935 年 12 月，在瓦窑堡会议上，毛泽东针对当时的战争形势，对社会各个不同阶级予以全面分析，并特别强调在斗争的某些阶段，敌人的营垒是会发生破裂的，因此当时的主要任务是集合最大限度的国内民族解放战斗力量，共同反抗日本帝国主义的侵略。毛泽东指出，我们要善于利用敌人之间存在的矛盾，寻找可能的突破口，最广泛地争取可以团结的力量，以便应对当前共同的敌人。我们绝不可以关起门来，独自依靠有限的力量去迎战强大的敌人，这是典型的冒险主义。而且要等候最佳时机、积蓄最大力量，才考虑发动决战，不能冒冒失失就要进行决战。为了让大家更好地理解“广泛的统一战线”，毛泽东作了这样的比喻：统一战线好比广招人马，进而把敌人团团包围而消灭；关门主义则是单枪匹马蛮干、“硬对”强敌，无异于拿鸡蛋碰石头。

为了最广泛地发动全体同胞，1936 年 1 月，中国工农红军抗日先锋军发布布告，以饱满的爱国激情号召：当前中华民族最大的敌人就是日本帝国主义，每一个华夏儿女，都应该团结起来，奋起反抗，保家卫国。皮之不存，毛将安附？如果祖国灭亡了，个人的存在还有什么依托呢？为此，要同仇敌忾，有力出力，有钱出钱，有枪出枪，有才华出才华，以一当十，体现我们不畏强敌的精神，以十当一，体现我们实实在在的力量。中华民族一定不会灭亡，日本帝国主义一定会被打倒，胜败已经分明。布告虽然只字未提“统一战线”，但已明确表达了全体中华民族同胞奋起合力，集中一切力量建立抗日民族统一战线的思想。随后一年间，中共中央先后发布了《关于东北军工作的指导原则》《致

① 中共延安市委统战部组编：《延安时期统一战线史料选编》，华文出版社 2010 年版，第 3—5 页。

国民党二中全会书——提议停止内战一致抗日》《关于争取哥老会的指示》《给北方局及河北省委的指示信》《关于内蒙工作的指示信》《中国共产党致中国国民党书》《关于抗日救亡运动的新形势与民主共和国的决议》《关于逼蒋抗日问题的指示》《关于青年工作的决定》《关于不同地区的地方工作指示》《关于统一战线区域内党的工作的基本原则草案》等一系列文件，对于不同地区、不同对象建立广泛统一战线作了全面组织和安排。1937年的“卢沟桥事变”意味着抗日战争的全面爆发，中国共产党加紧领导并推动了国共间的第二次合作。同年9月，《中共中央为公布国共合作宣言》发表，标志着以国共合作为基础的抗日民族统一战线正式形成。

第二次国共合作是中国共产党高举爱国主义旗帜取得的最丰硕的成果，是中华民族爱国主义传统的光辉结晶。早在九一八事变后，中国共产党人就以大局为重，一再呼吁国民党“停止内战，一致抗日”。由于中国共产党努力工作，在1936年3、4月间，分别与东北军和西北军建立统一战线关系。与此同时，中国共产党在促使张学良、杨虎城及东北军和西北军改善关系方面作了大量工作，并专门指示在两军中工作的共产党员和进步人士帮助消除隔阂，从而促进了张、杨间的团结合作，在联合抗日的共同政治目标下，两军间的官兵关系也得到改善。

为推动抗日民族统一战线的建立，1936年8月25日，中共中央又在致国民党中央并转全体国民党员的信中，倡议在抗日的伟大目标下，国共两党实行第二次合作。信中谈道：只有寻求国共重新合作，推而广之，寻求全国各党各派各界的总合作，才能真正挽救中华民族。几天之后，中共中央又向全党发出《中央关于逼蒋抗日的指示》，这就将“反蒋抗日”方针转变为“逼蒋抗日”，一字之差，意味深远。正是在这一方针指导下，红军与东北军、西北军之间、东北军与西北军都秘密结成联盟，这就初步确立了“三位一体”的西北大联合格局。至此，西北地区抗日民族统一战线正式形成。1936年12月的西安事变就是在全国民众要求抗

1

2

1_
张学良、杨虎城与蒋介石
2_
西安事变和平解决后，周恩来等返回延安，受到毛泽东等人的欢迎

日的一片爱国声浪中爆发的。经过中国共产党的多方努力和细致工作，西安事变得到和平解决，使时局得到重大转变。中国共产党的爱国行动，表明了中国共产党人赤诚的爱国之心，同时也表明爱国主义的精神力量在推动全国各党各派各界团结抗日。在中国共产党爱国主义精神的感召下，各种抗日救亡组织和团体在全国各地纷纷涌现，国民党的许多爱国将领开始摒弃蒋介石的反共内战方针，主张停止内战、联共抗日。

中国共产党人从爱国抗日出发，尽力争取一切可以争取的力量。仅1936年到1938年，就给各界人士如高桂滋、杨虎城、邓宝珊、冯玉祥、宋哲元、傅作义、宋庆龄、蔡元培等人写信30多封，这还仅仅是已公开发表的。如毛泽东在1936年8月13日给杨虎城的信中写道："覆巢之下，将无完卵。……望确实表示先生之意向，……先生如以诚意参加联合战线，则先生之一切顾虑与困难，敝方均愿代为设计，务使先生及贵军全部立于无损有益之地位。"信件分析了联合抗日是大势所趋，希望对方明确态度、加入统一战线，并解决对方的后顾之忧，充分彰显了中国共产党人争取团结抗日的真诚与坦荡。同年9月18日，毛泽东致信宋庆龄，"目前停止内战联合抗日之呼声虽已普及全国，然而统率大兵之蒋氏及国民党中央迄今尚无彻底悔祸之心。……我想到要唤醒国民党中枢诸负责人员，……是尚有赖于先生利用国民党中委之资格作具体实际之活动。"信件动之以情、晓之以理，真切表达了争取国民党中枢人员的诚挚愿望。同年12月5日毛泽东在给冯玉祥的信中写道："在亡国惨祸面前，不分党派信仰将同遭浩劫，因此合作救亡是天经地义。……泽东与先生处虽异地，心实无间，倘得不吝教诲，锡以圭针，敢不拜赐！"信件以抗日为中心内容，不但表达了中国共产党人建立抗日民族统一战线的迫切愿望，也体现了无产阶级政治家的博大胸怀。上述三封信件原文如下：

致杨虎城[①]

（一九三六年八月十三日）

虎臣先生勋鉴：

先生同意联合战线，盛情可感。九个月来，敝方未曾视先生为敌人。良以先生在理在势在历史均有参加抗日战线之可能，故敝方坚持联合政策，不以先生之迟疑态度而稍变自己之方针。然为友为敌，在先生不可无明确之表示。虚与委蛇的办法，当非先生之本意。目前日本进攻绥远，陕甘受其威胁。覆巢之下，将无完卵。蒋氏向西南求出路，欲保其半壁山河，倚靠英国，西北已非其注意之重心。全国各派联合抗日渐次成熟，而先生反持冷静态——若秘密之联系，暗中之准备，皆所不取，甚非敝方同志所望于先生者也。兹派张文彬同志奉诚拜谒，望确实表示先生之意向，以便敝方作全盘之策划。先生如以诚意参加联合战线，则先生之一切顾虑与困难，敝方均愿代为设计，务使先生及贵军全部立于无损有益之地位。比闻贵部将移防肤、洛，双方更必靠近，敝方庆得善邻，同时切望贵部维持对民众之纪律，并确保经济通商。双方关系更臻融洽，非特两军之幸，抑亦救国阵线之福。具体办法及迅速建立通信联络等事，均嘱张同志趋前商订。专此奉达，不尽欲言。

敬颂

公祺

毛泽东

八月十三日

---

① 中共中央文献研究室编：《毛泽东书信选集》，中央文献出版社 2003 年版，第 33 页。

致宋庆龄[①]

（一九三六年九月十八日）

庆龄先生左右：

武汉分别，忽近十年。每从报端及外来同志口中得知先生革命救国的言论行动，引起我们无限的敬爱。一九二七年后，真能继续孙中山先生革命救国之精神的，只有先生与我们的同志们。目前停止内战联合抗日之呼声虽已普及全国，然而统率大兵之蒋氏及国民党中央迄今尚无彻底悔祸之心。这种违反孙中山先生革命的三民主义与三大政策之行为，实为国民党大多数党员所不应容许而应立起纠正才是。因此，我想到要唤醒国民党中枢诸负责人员，觉悟于亡国之可怕与民意之不可侮，迅速改变其错误政策，是尚有赖于先生利用国民党中委之资格作具体实际之活动。兹派潘汉年同志前来面申具体组织统一战线之意见，并与先生商酌公开活动之办法，到时敬求接洽，予以指导。付上我们致国民党中央的信以作参考。同时请先生介绍与先生比较接近的诸国民党中枢人员，如吴稚晖、孔祥熙、宋子文、李石曾、蔡元培、孙科诸先生，与汉年同志一谈，不胜感幸。

顺问

近安

毛泽东

“九一八”五周年纪念日

① 中共中央文献研究室编：《毛泽东书信选集》，中央文献出版社2003年版，第53页。

致冯玉祥[①]

（一九三六年十二月五日）

焕章先生：

从报纸从广播从沪宁友人得悉先生一腔抗日救亡之义愤，虽没有和先生见面，等于见了一样。

在亡国惨祸面前，不分党派信仰将同遭浩劫，因此合作救亡是天经地义。

然而蒋介石先生至今犹孤行己意，对日无抗战决心，对内则动员三百个团大举“剿共”。最近敝军略施还击，胡宗南军一旅溃败，一旅覆灭，其军心动摇已极，然夫己氏犹不悟也。

目前急务似无急于停止内战。诚得先生登高一呼，众山齐应，今日停战，明日红军与西北“剿共”各军立可开进于绥远战场。否则，长城淞沪诸役前车可鉴，日蹙国百里，虽噬脐而无及矣！泽东与先生处虽异地，心实无间，倘得不吝教诲，锡以圭针，敢不拜赐！敝方抗日救国纲领，具见八月二十五日致中国国民党书，前曾遣人付上，谅承鉴察，有何评判，愿接高明。

先生老部下董振堂诸君，大有进步，堪以告慰。书不尽意。

肃颂

勋祺！

毛泽东手启

十二月五号

此外，陕甘宁边区政府还多次邀请各党派知名人士到边区参观、访问，以便加深彼此的了解，使政策沟通更加顺畅。如在抗日战争胜利前夕，国民党公然拒绝中国共产党关于成立联合政府的建议，两党关系陷入僵局。在这种情况下，黄炎培、褚辅成、冷遹、左舜生、傅斯年、章伯钧等六位国民参政员于 1945 年 7 月 1 日至 5 日访问延安，试图调解国共关系，化解政治危机。

① 中共中央文献研究室编：《毛泽东书信选集》，中央文献出版社 2003 年版，第 80 页。

1945年7月1日，国民参政会六位参政员褚辅成、黄炎培、章伯钧、冷遹、傅斯年、左舜生由重庆到达延安，毛泽东、秦邦宪等人前往迎接

在整个抗战过程中，虽然以汪精卫为代表的部分国民党官员和将领叛国投敌；虽然国民党一些主要当权者并没有真正放弃反共方针，先后制造了“同室操戈”的“十二月事变”和皖南事变；虽然存在国民党压制人民群众抗日活动和抗日力量的行为，并一度谋求与日本妥协；但在这八年，国共合作和抗日民族统一战线始终没有破裂，国民党始终没有投降日本帝国主义，中国人民的抗日爱国斗争始终没有停止。这就表明，在抗日战争中，抗日救国的爱国力量始终占据主导地位，是抗日战争的主旋律。中华民族的爱国主义传统得到了极大的发扬，爱国主义精神普遍体现在

1937 年 4 月 17 日，西北青年救国联合会第一届执行委员会成员在延安合影

全国各民族、各地区、各界人民群众共同抗日的斗争之中。无论是工人、农民、知识分子、开明绅士、华侨，都表现了高度的爱国主义精神；无论男女老幼，都在用自己的方式力所能及地为抗日战争作出贡献；各个阶级阶层，全国各族人民都在抗日战争中表现出高尚的爱国情操。爱国主义精神动员和鼓舞了千百万群众，形成了全民抗日的爱国洪流。如老人有“白发赴难团”；青年人有青救会、民族解放先锋队；妇女有妇女救国会；儿童有儿童团、

孩子剧团；宗教界有“僧界救国会”“佛教青年救国会”“基督教青年乡村服务团”；工商界有“抵制日货委员会”“国难救济会”；工厂有工会、农村有农会等。各界还联合组织“救国联合会”，成立各种宣传队、歌咏队、戏剧队、晨呼队及军事上的义勇军、游击队、大刀队、敢死队等。

在民族危亡之际，全体中华儿女在抗日民族统一战线的感召下纷纷拿起武器，每一个人都在尽自己的一份绵薄之力，最终将细小的爱国支流汇聚成波涛汹涌的爱国洪流，将对祖国最深沉的爱化作万众一心、同仇敌忾的磅礴力量，书写了一首气壮山河的爱国史诗。

二、有原则的让步与牺牲才是真正的爱国

为了敦促国民党尽快加入抗日民族统一战线的阵营，中国共产党作出极大的妥协、让步。1937 年 2 月 10 日，中共中央致电国民党五届三中全会，提出了“五项要求”并作出“四项保证”。五项要求：停止一切内战，集中国力，一致对外；保障言论、集会、结社之自由，释放一切政治犯；召开各党各派各界各军的代表会议，集中全国人才，共同救国；迅速完成对日作战之一切准备工作；改善人民生活。如国民党能够履行上述要求，共产党则作出四项保证：（1）停止武力推翻国民党政府的方针；（2）工农政府改名为中华民国特区政府，红军改名为国民革命军；（3）特区实行彻底民主制度；（4）停止没收地主土地的政策，坚决执行抗日统一战线的共同纲领。中国共产党的重大让步，从根本上取消了国内两个政权的对立，使全国人民看到了中国共产党以国家民族整体利益为重的博大胸怀。这样的主张在全国引起了巨大反响，也得到国民党内部抗日派的赞同。宋庆龄、何香凝、冯玉祥以及国民党元老张静江、李石曾、孙科、李烈钧等联名提出恢复孙中山“三大政策”，呼吁国共两党第二次合作，联合抗日，迫使以蒋介石为代表的国民党当局开始接受中国共产党倡导的国

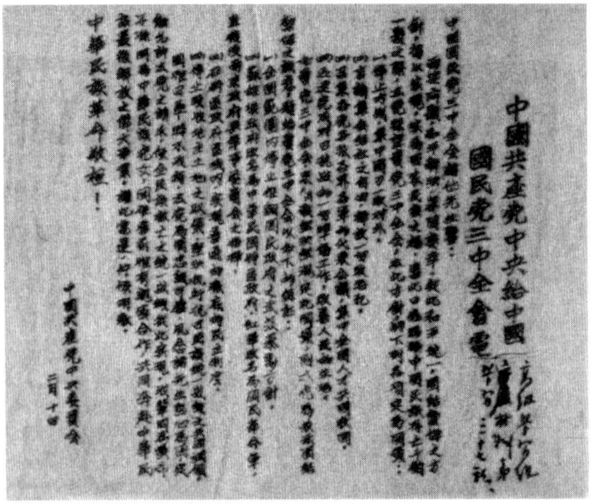
中國共產黨中央給中國國民黨三中全會電

1937 年 2 月 10 日，中共中央致电国民党三中全会，提出联合抗日的“五项要求”和“四项保证”

共两党合作抗日的政策。

西安事变后，中国共产党对张、杨的行动予以明确支持，力求事变得到和平解决。事变发生后的第二天，即 1936 年 12 月 13 日，中共中央召开了政治局会议，讨论了西安事变发生后的政治形势及应采取的方针。经过反复研究，中共中央以民族大义为重，从抗战全局出发，提出了解决事变的基本方针：坚决反对新的内战，以团结抗日为出发点，实现南京和西安的和平相处；联合南京的国民党左派，争取中间派，揭露并反对亲日派发动内战的阴谋；给张、杨以积极实际的援助，使之彻底实现西安事变后提出的抗日主张；做军事防御准备，防止亲日派的“讨伐”进攻。为此，中共中央通电全国，表明中国共产党支持张、杨抗日主张及和平解决事变的立场，建议召开由各方面代表参加的和平会议，商讨解决事变问题和抗日救国大计。西安事变期间，周恩来在与南京代表和蒋介石本人的接触中，正式表态：只要蒋介石抗日，共产党就拥护他为全国领袖；号召全国拥护国民政府；红军也可以听“蒋先生”指挥。西安事变的和平解决，开启了建立抗日民族统一战线的新阶段，让步政策也发展到了新阶段。

抗日民族统一战线正式形成之后，为了加强和巩固抗日民族统一战线内部的团结，中国共产党对国民党稍有一点进步的政策和行为，就表示赞成和支持，并作出必要的让步，如参加国民参政会，赞成《抗战建国纲领》，等等。在中共六届六中全会尚未结束时，中共中央即派周恩来等先回武汉，向蒋介石面交了毛泽东关于加强国共合作问题致蒋介石的亲笔信。在与中共六届六中全会几乎同时召开的国民党长沙岳麓山军事会议上，周恩来还同意帮助国民党举办游击干部训练班，向国民党军事干部传授共产党游击战争的经验。中共六届六中全会致蒋介石的电报，更加明确地向蒋介石表明了中国共产党拥蒋抗日的决心。

但是，中国共产党人的让步与妥协是有原则和底线的。1937年4月中共中央委员会发布《告全党同志书》，明确指出保持党组织的独立性与批评自由，保持对党创造的革命力量拥有领导权是我党对国民党让步与妥协的底线。为了实现长期合作，统一战线中的各党派要互助互让，但不是消极妥协。在这个过程中，我们必须巩固和扩大我党我军，同时赞助而不阻碍友党友军的巩固和扩大。彼此不挖墙脚，彼此不在对方党政军内组织秘密支部。把让步看作纯消极的东西，不是马克思列宁主义所许可的。纯消极的让步是不对的。我们的让步、退守、防御或停顿，不论是向同盟者或向敌人，都是当作整个革命政策的一部分看的，是当作总的革命路线不可缺少的一环看的，是当作曲线运动的一个片段看的，是积极的。

鉴于国民党既动摇妥协又不敢真正投降，既反共又不敢真正退出统一战线，中国共产党以民族大义为重，对国民党作出了适当让步，以确保统一战线不至于破裂；另一方面也坚持以斗争求团结的方针，借助反内战力量与舆论对国民党的反共逆流进行钳制、驳斥、反击。如皖南事变后，中国共产党采取和平的方式调动并利用抗日根据地的一切舆论工具和宣传形式，揭露事变真相，提出严正抗议；在国统区和敌占区用侧面的间接的各种方式动员舆论，获取同情和声援；及时引导舆论的走向，牢牢掌握斗争的主动权。由于中国共产党舆论导向方针正确、策略得当、形式灵活，因而获得了全国人民的同情和拥护，赢得了国际舆论的称赞和声援，争取和教育了抗日民族统一战线中的中坚力量，极大地提高了中国共产党的政治威望,打退了国民党顽固派的进攻。毛泽东明确指出中国共产党在统一战线中必须保持独立性，“坚持民族统一战线才能克服困难，战胜敌人，建设新中国，这是毫无疑义的。但是在同时，必须保持加入统一战线中的任何党派在思想上、政治上和组织上的独立性，不论是国民党也好，共产党也好，其他党派也好，都是这样。”① 在抗日民族统一战线中必须坚持独立自主原则，坚持无产阶级领导权，包括坚持独立自主的山地游击战等战略。

1937 年 10 月 13 日，毛泽东提醒全党注意，国民党最近还是既抗日又防共，没有一天停止过对苏区实行各方面进攻。如果我们不去想办法抵制国民党的错误政策，为了和他保持一团和气而一味迁就，只会使其延续错误，并且对中国共产党和中国人民而言，则意味着力量被削弱。因此，坚持抗日民族统一战线，并非对国民党的错误政策视而不见，恰恰相反，要给予坚决的批评与斗争。11 月 12 日，在延安活动分子会议上，毛泽东作了《上海太原失陷以后抗日战争的形势和任务》的报告，再次重申抗日民族统一战线有必要坚持独立自主原则。另外，毛泽东在《论新

①《毛泽东选集》第 2 卷，人民出版社 1991 年版，第 524 页。

1937 年 5 月，毛泽东在党的全国代表会议上作《中国共产党在抗日时期的任务》报告

阶段》和《统一战线中的独立自主问题》中也都强调了这一点，并批判了“一切经过或服从统一战线”的右倾观点，阐发了为贯彻独立自主原则应采取的灵活策略。他指出，只谈统一性不谈独立性，就是对民权主义的背弃，对此，无论共产党还是其他党派都不会同意的。整体而言，抗日战争是一场持久战，需要谋求各方的长期合作，这是根本原则。但原则之下，各方还必须坚持独立自主，还要灵活应变，比方说，可以采取“先奏后斩”“先斩后奏”“斩而不奏”“不斩不奏”的灵活策略。

毛泽东等发表和发出了《反对投降活动》（1939年6月30日）、《〈共产党人〉发刊词》（1939年10月4日）、《目前抗日统一战线中的策略问题》（1940年3月11日）、《论政策》（1940年12月25日）、《关于打退第二次反共高潮的总结》（1941年5月8日）等一系列文章和指示电，较系统地提出和论证了抗日民族统一战线独立自主原则的理论和策略，其理论要点是：（1）独立自主原则的出发点是：坚持抗战、团结、进步，反对投降、分裂、倒退；（2）独立自主原则的突出特点是：与资产阶级既联合又斗争，统一和斗争要结合起来，不能顾此失彼；（3）独立自主原则的侧重点是：统一为主，斗争为次，在保证统一战线不破裂的基础上斗争；（4）独立自主原则的总方针是："发展进步势力、争取中间势力、反对顽固势力"①；（5）独立自主原则的总原则、总策略。在和资产阶级反共顽固派斗争的时候，应采取的总原则首先是自卫原则，即人不犯我，我不犯人，人若犯我，我必犯人；其次是胜利原则，即既然要斗争，就必须争取斗争的胜利，不打无准备之仗；最后是休战原则，即在一个时期内把顽固派的进攻打退之后，在他们没有举行新的进攻之前，我们应该适可而止，使这一斗争告一段落。在接着一个时期中，双方实行休战。这三个原则，实际上就是著名的"有理""有利""有节"原则。应采取的策略是：第一，要善于利用矛盾，努力争取多数、反对少数，并最终各个击破；第二，"有理""有利""有节"；第三，该斗争就斗争，该拉拢就拉拢，增强针对性；（6）独立自主原则实施的保证是：要坚持两条腿走路，坚决地、严肃地反对错误观点，不给"'左'倾关门主义"和"右倾机会主义"留下任何生机。

在抗日民族统一战线中，中国共产党坚持独立自主原则，实际上就是争取党对抗日的领导权。马克思主义关于统一战线的思想内容十分丰富，其中非常重要的一点就是在联合中要坚持无产阶级的领导权，失去这一条，党在思想上、组织上、军事上就会

①《毛泽东选集》第2卷，人民出版社1991年版，第745页。

瓦解，抗日民族统一战线就会改变性质和方向。因此，中国共产党在抗日战争期间，一方面重视与其他阶级、党派的联合；另一方面始终注意坚持自己的独立性，特别是坚持对顽固派斗争（包括政治、思想和军事）的权利，维护了无产阶级的先进性，壮大了自己的力量。

三、抗日民族统一战线成为爱国主义的“试金石”

中国共产党从长期复杂的革命斗争出发，在抗日民族统一战线中坚持原则的坚定性与策略的灵活性相统一，从而做到纵横捭阖、应对自如。由于统一战线工作的复杂性和统战对象的广泛性，要求中国共产党在建立和维护抗日民族统一战线过程中，要根据不同情况实施不同策略，从而推进统战工作的发展。一方面要抓住统一战线的主体，也就是抓住工人、农民、城市小资产阶级、知识分子和广大劳动者联盟，在教育同盟者提高觉悟的同时满足其正当诉求，这是基本原则；另一方面，由于民族资产阶级具有两面性，革命性与软弱性并存，以蒋介石为代表的大地主、大资产阶级一直没有放弃对共产党的觊觎之心，因而中国共产党在保持自身相对独立性的同时，对他们采取既联合又斗争的策略。尤其是对国民党蒋介石，既充分利用国民党集团的抗日积极性，同仇敌忾、共赴国难，又对国民党反共的浪潮给予应有的反击，促使其不再做亲痛仇快的事。

中国共产党创造了和反共顽固派斗争的一系列政策，如团结多数、区别对待的政策，即利用矛盾，争取多数，有理、有利、有节的反对少数，并施以各个击破。实行既联合又斗争的方针，毛泽东坚定地指出，现在抗日民族统一战线的政策，既不是只要联合不要斗争，也不是只要斗争不要联合，而是把联合与斗争相结合。所谓联合，就是同资产阶级保持统一战线关系；所谓斗争，就是在联合的同时，在思想上、政治上、组织上与资产阶级开展“和平”的“不流血”的斗争。1937 年 11 月，毛泽东在《上海太原失陷以后抗日战争的形势和任务》和后来发表的《团结一切抗日力量，反对反共顽固派》等著作中具体分析过抗日民族统一战线中不同阶级、阶层、党派的态度和表现。在此基础上，1940年3月21日，毛泽东在《目前抗日统一战线中的策略问题》中明确提出“发展进步力量、争取中间力量、反对顽固势力”的策略总方针或基本政策。

1937年1月1日，参加庆祝西安事变和平解决阅兵式的东北军接受检阅

这是不可分离的三个环节，其中发展进步势力是中心一环，争取中间势力是极其重要而又复杂的任务，同顽固派的斗争是不可缺少的手段。中国共产党建立抗日民族统一战线的创造性贡献具体体现在以下几个方面：

在政权建设上，中国共产党创造了一种前所未有的统一战线的民主政权形式“三三制”。1940 年 3 月 6 日，毛泽东为中共中央起草关于抗日根据地政权问题的指示，提出抗日民族统一战线政权在人员构成上实行“三三制”。这就为各党各派社会各界提供了同等的参政议政机会，成为人民民主专政国家政权的雏形。

根据抗日民族统一战线政权的原则，在人员分配上，应规定为共产党员占三分之一，非党的左派进步分子占三分之一，不左不右的中间派占三分之一。

必须保证共产党员在政权中占领导地位，因此，必须使占三分之一的共产党员在质量上具有优越的条件。只要有了这个条件，就可以保证党的领导权，不必有更多的人数……

必须使党外进步分子占三分之一，因为他们联系着广大的小资产阶级群众。我们这样做，对于争取小资产阶级将有很大的影响。

给中间派以三分之一的位置，目的在于争取中等资产阶级和开明绅士。这些阶层的争取，是孤立顽固派的一个重要的步骤。目前我们决不能不顾到这些阶层的力量，我们必须谨慎地对待他们。[1]

毛泽东提出了以民主这条新路打破历代统治者兴衰周期率的著名论断，强调只有让人民来监督政府，政府才不敢懈怠，才不会人亡政息，确立了中国共产党自觉接受人民监督，加强民主政治建设的原则，等等。依据民族自决的原则，主张回民自己的事情由回民自己解决，建立回民自治政府。在回民自治区、乡，

---

①《毛泽东选集》第 2 卷，人民出版社 1991 年版，第 742 页。

回族人民充分行使着自治民族的选举权与被选举权。他们直接选出由回族人士组成的参议会，区、乡长组成民族自治机关，实现了自治机关与干部的民族化。

1944 年 7 月，定边回民自治乡的选举活动非常典型。当时的选举会场台上正中间悬挂着毛泽东的大幅画像，桌子上摆着锁好的票箱。会场里，伊斯兰小学的学生们放声歌唱“毛主席，眼光高，领导边区搞得好，蒙回汉民族都平等，团结打日本”，“应景”的歌声无疑增添了会场气氛。选民都是直接投票。每位候选人都在黑板上写一段“竞选演说”，提出主持乡政将要采取的措施，对于不识字的群众，则由专人负责给他们讲解。回族群众完全根据自己的想法决定人选，投出自己满意的一票。考虑到回族妇女受教规约束不能到会场，民族学院专门派下来女学生，抱着票箱挨家挨户征询妇女意见完成投票。最后，选出正式乡参议员 14 人，候补参议员 3 人组成乡参议会，再由乡参议会选举乡长和自治乡工作人员。边区参议员、前届自治乡乡长杨彪因为没有严格执行边区政府关于不给不满三年的移难民派负担的政策，受到群众批评而落选，更关心移难民的乡参议员彭化安当选为这届乡长。像这样民主的少数民族选举制度，当时只有在中国共产党领导下的解放区才能成为现实。因而边区回族人民编了一首选举歌，表达他们热爱中国共产党、热爱边区、热爱新生活的心声。歌词写道：“旧社会咱们不自由，回民同胞抬不起头。交苛捐来交杂税，挨饿受冻做马牛。六月里南风吹，咱们边区回民开大会，大家来选举乡政府，领导咱们丰衣又足食，感谢毛主席。”在对待西北地区广泛存在的组织“哥老会”，采取灵活、务实的态度。

中华苏维埃中央政府对哥老会宣言

（一九三六年七月十五日）

哥老会的弟兄们！

我们中国民族的死敌，日本帝国主义，最近吞并中国的野蛮强盗行为愈来愈凶狠了。他们不但强占了我们的东北四省，并且进而实际的统治着整个的华北。不独利用走私，破坏我国的整个经济生活，增加破产失业的种种痛苦，并且采用对台湾、朝鲜殖民地的制度，向华北增兵五万之多。这些政治上、经济上的一切设施，现在都是把华北变成“满洲国”第二，把华北变成进攻全中国的根据地。而且正向着中国的西北、华中、华南进行强暴的侵略，要吞并全中国成为它的殖民地，要变四万万同胞成为它的奴隶牛马，亡国灭种的惨祸，已经燃烧到我们的眉睫了，我们是处在千钧一发、生死存亡的紧急关头。除了少数卖国贼汉奸之外，稍有血气的中国人，凡是不愿做亡国奴的中国人，莫不怒发冲冠，气愤填胸，要和日本帝国主义作一拼死活的抗战！近日西南的军人领袖李宗仁、陈济棠等，高举抗日大旗，北向进兵，并要求南京政府蒋介石氏出兵抗日。抗日的民族革命战争，已经走上了新的阶段。

哥老会素以兴汉灭清、打富济贫为宗旨，在辛亥反满的革命运动中，哥老会曾积极参加过，陕北革命亦得着了哥老会同志不少的帮助、拥护与积极参加；如谢子长、刘志丹等诸同志，他们不独是红军的领袖，并且是哥老会中的模范，这种革命的精神，光荣的事迹，现在更应大大的发挥起来，为了救中国、救自己而奋斗。

中华苏维埃人民中央政府，曾历次宣言，宣布抗日救国的主张，号召凡不愿作亡国奴的人，都应不分党派、不分阶级，亲密的团结起来，一致去打我们共同的敌人——日本帝国主义与汉奸卖国贼，而取得中国的民族独立解放。哥老会历来是代表民族志士及广大农民与劳苦群众的组织，始终受政府军阀官僚的压迫，被视为“下等人”，被诬为“盗匪”，而不能公开存在。哥老会所遭受统治阶级的待遇，同我们所遭受的待遇，实是大同而小异。你们过去主张兴汉灭满，我们现在主张抗日救国；你们主张打富济贫，我们主张打土豪分田地；你们轻财仗义，结纳天下英雄好汉，我们舍身救中国、救世界，联络全世界被压迫、被剥削的民族与阶层。我们彼此之间的观点主张都相差不远，我们的敌人及我们的出路更完全相同。因此，现在更以至诚特向全国哥老会的全体弟兄们宣言，不管我们过去互相间有过怎样的误会与不满，我们现在都应该忘却抛弃，我们要在共同的抗日救国的要求下联合起来，结成亲密的、兄弟的团结，共抱义气，共赴国难。这是你们的神圣义务，也是全中国人民的神圣义务！

苏维埃政府是全中国被压迫人民的政府，凡属被国民党政府摧残和通缉的人民，我们负招待保护之责。因此，哥老会可以在苏维埃政府下公开存在，我们更设有哥老会招待处，以招待在白区立不住脚的英雄好汉，豪侠尚义之士。我们希望、我们要求、我们欢迎各地、各山堂的哥老会山主大爷，四路好汉弟兄都派代表来或亲来与我们共同商讨救国大计，我们是在热烈的等待着、欢迎着你们！我们高呼：

发扬哥老会过去革命的精神！

哥老会和全中国人民团结起来打日本、兴中华！

中华民族解放万岁！

中华苏维埃人民中央政府主席　毛泽东[①]

在经济上，实行“减租减息”和促进私营工商业发展的政策，照顾了各阶级、各阶层的利益，保护和发展了边区经济。1935 年 12 月，中共中央在延安作出《关于改变对富农政策的决定》规定：只对封建性高额出租的那部分土地全部没收，而富农自耕地和雇人耕种的土地，则不论好坏，一概不会没收。1937 年，陕甘宁边区宣布：在没有分配土地的地方，不再没收地主豪绅的土地，但去年以前的欠租应不再索取；至于以后如何交租，应由地主与农民共同商定，但不能像之前那么高。这种务实的土地政策，照顾了地主的利益，团结了开明绅士，巩固了抗日民族统一战线。此外，减租减息的实行，也大大改善了农民的生活，提高了农民抗日和生产的积极性。减租减息前，陕甘宁边区（未

① 中共延安市委统战部组编：《延安时期统一战线史料选编》，华文出版社 2010 年版，第 36—37 页。

经土地革命的地区）地租率高达土地产量的50%~80%，利率多在3~5分左右。无地或少地的佃农生活艰苦。减租减息，大大减轻了农民的负担，农民的生活好起来。如米脂县一村庄，挨饿与挖野菜充饥的事基本绝迹；绥德一户农民，生活上则由刚能糊口变为留有余粮。他们响应政府号召，积极生产，参加自卫动员和除奸工作。

人民庆祝减租减息的胜利

王家坪延安华侨联合会旧址

此外，对工商经济政策作出大的调整，允许资本家到苏区投资兴办各种工商业，鼓励发展市镇贸易。1938年，毛泽东向全世界华侨发出号召：全体华侨同志应该好好团结起来，援助祖国，战胜日寇，共产党是关心海外侨胞的，愿意与全体侨胞建立抗日民族统一战线。一些华侨资本家在此鼓舞下，纷纷去边区投资办厂。如1938年，华侨梁金生开办的金华制药厂，一定程度上解决了边区缺医少药的困难；1942 年，延安侨联发起创办了“西北华侨实业公司”，得到了海外华侨的大力支持，集资达 100 万元，为促进边区的经济发展作出了贡献。延安侨联创办的纺织厂，1942 年生产毛毯 3000 多条，纺毛线 400 多磅，毛呢 100 匹，加上所存羊毛折价，共获利 50 万元。为保卫边区，该厂 1943 年捐献资金 3 万余元。

在与党外人士的关系上，通力合作、共商国是，在陕甘宁边区为实现民主政治共同努力，为党外人士登上政治舞台，与中国共产党一道合作议事提供了制度的平台和保障。毛泽东指出，国事就是国家的公事，而不是哪一党哪一派的私事。因此，共产党员有义务同党外人士进行民主合作，而没有权力排斥别人、垄断一切。毛泽东曾在多种场合要求共产党员要加强与党外人士合作共事。他指出：“《陕甘宁边区施政纲领》上有一条，规定共产党员应当同党外人士实行民主合作，不得一意孤行，把持包办，就是针对这一部分还不明白党的政策的同志而说的。共产党员必须倾听党外人士的意见，给别人以说话的机会。别人说得对的，我们应该欢迎，并要跟别人的长处学习；别人说得不对，也应该让别人说完，然后慢慢加以解释。共产党员决不可自以为是，盛气凌人，以为自己是什么都好，别人是什么都不好；决不可把自己关在小房子里，自吹自擂，称王称霸。”中国共产党同党外人士亲密合作，广交朋友，如采纳开明绅士李鼎铭先生“精兵简政”的建议，成为广为传颂的美谈。在抗日民族统一战线中，共产党人始终营造并保持着民主、宽松的气氛，并把陕甘宁边区建设成“全国民主示范区”，保证了全国各民族、各阶级、各党派、各社会团体、各界爱国人士以及港澳台同胞、海外侨胞团结起来，集合在抗日民族统一战线的旗帜下，最大限度地动员全国人民参加抗战，最大限度地孤立顽固势力。

从抗日民族统一战线的提出、建立到发展、巩固，中国共产党人都作出了巨大的历史性贡献。一方面，中国共产党是抗日民族统一战线的积极倡导者。九一八事变后，中国共产党率先举起

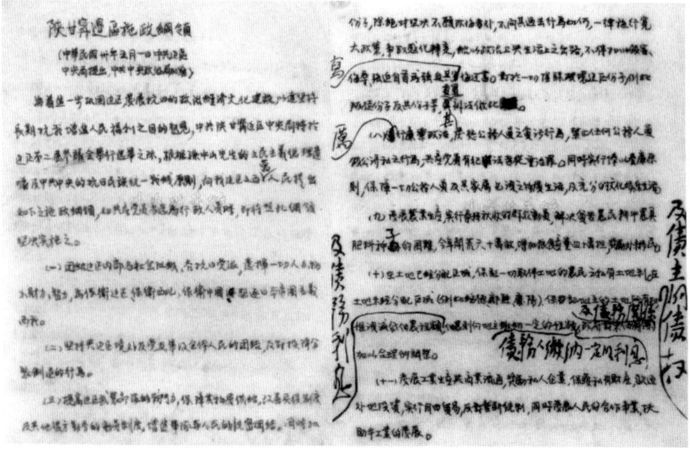

《陕甘宁边区施政纲领》手稿

抗日的旗帜，反对帝国主义的侵略战争。1933 年，日本帝国主义在巩固和加强对中国东北统治的同时，将侵略矛头指向华北。在民族危机日益严重的形势下，中国共产党继续高举抗日的旗帜，提出在停止进攻红军、给予人民以自由权利和武装民众三个条件之下，与任何武装部队订立共同对日作战的协定。1935 年华北事变后，中国共产党在民族危机进一步加深的情况下，又提出了停止内战，组织全中国统一的国防政府和抗日联军，共同进行抗日救国的政治主张，并且在瓦窑堡召开的政治局扩大会议上确定了建立抗日民族统一战线的策略方针。中国共产党对抗日民族统一战线策略、方法都有深入、独特的思考。

关于统一战线的策略、方法和守则（提纲）

（一九三九年八月四日）

统一战线的策略

一、开展反对汪逆汉奸及其党羽的斗争，使国内阶级得到适当的分化，以巩固统一战线。

二、帮助友党、友军进步，首先要给以适时的批评，具体的建议，并帮助其进步分子的发展。

三、坚持我军在敌后游击战争的胜利与发展，树立模范作用，以影响友党、友军。

四、坚持民主政治，首先在陕甘宁、晋冀察等边区树立模范的民主政治，以推动全国。

五、坚持全民的动员，首先在敌后游击区域及边区作出各种动员的成绩，以影响全国。

六、积极扶持同情分子，努力争取中间分子，尤其是知识分子及公正绅商参加抗战，以扩大统一战线。

七、坚决进行反顽固分子的斗争——人不犯我，我不犯人，人如犯我，我必犯人。不过，对这种人仍是自卫的性质。

八、对目前全国倒退的现象，必须给以严正的批评、适当的抗议与必要的压力，以促其进步。

九、对国际关系，要联合各国朝野的同情人士，扩大国际影响，以集中火力反对国际法西斯及民主国家中的妥协派。

十、正确地解释三民主义与共产主义的实质与关系，并宣传科学思想、民族解放思想、民主思想、社会主义思想以及民族美德与优良传统，以反对复古的反动的向后倒退的思想。

统一战线的方法

一、在斗争上，我们要不失立场，但不争名位与形式；我们要坚持原则，但方法要机动灵活，以求达到成功；我们要争取时机，但不要操之过切，咄咄逼人。

二、在组织上，要不暴露，不威胁，不刺激，以求实际的发展，但不能走向死路，也不要自投陷阱。

三、在工作上，要使竞争互助让步相互为用，但竞争不应损人，克己互助不要舍己耘人，让步不能损害主力。

四、在方式上，要讲手续，重实际，勤报告，重信义，守时间，以扩大影响，便利工作。

——五师将领在前线指挥平型关战斗

统一战线的守则

一、坚定的立场。

二、谦诚的态度。

三、学习的精神。

四、勤勉的工作。

五、刻苦的生活。

六、高度的警觉性。

周恩来[①]

另一方面，中国共产党是抗日民族统一战线的模范实践者。全面抗战爆发后，中国共产党高举抗日民族统一战线的大旗，在抗战实践中，以真诚的态度和实际行动，带动了各方面的进步：在对日作战中，红军改编后的八路军和新四军英勇奋战，不仅赢得了平型关大捷，并且在太原、徐州等会战中，很好地配合了国民党正面战场作战。在山西抗战前线，中国共产党妥善地处理了同阎锡山的关系，协商成立了有中国共产党和八路军代表参加的各级战地动员委员会，成功地创造了以统一战线的方式组织民众抗战的范例。在国民党统治区，中国共产党利用蒋介石邀请共产党代表参加国民参政会和军委会政治部的有利条件和有限权利，动员广大民众投身抗战，并且通过公开合法的身份，同国民党官员和将领、地方实力派领导人、华侨及工商界爱国人士等广泛接触交往，宣传团结合作、共同抗日的主张。中国共产党的模范行动，有力地推动了抗日民族统一战线的扩大和发展。

①《周恩来统一战线文选》，人民出版社 1984 年版，第 43—45 页。

第三章

从“救国”到“建国”：中国共产党的爱国之路

面对日本侵略者占我国土、毁我家园、杀我同胞的残暴行径，中国共产党率先打出“抗日救国”的大旗，为争取抗战的最终胜利付出了艰苦的努力和重大的牺牲，并在抗战即将胜利、中国向何处去的紧要关头提出了建立“民主的联合政府”。从“救国”到“建国”，中国共产党开创了爱国主义的“延安道路”。

一、爱国，就要大声“喊”出来

1931 年九一八事变发生后，尚处江西中央苏区偏僻乡村的中国共产党就于 9 月 20 日发表宣言，揭露日本帝国主义的侵略行径和狼子野心，谴责国民党蒋介石政府的妥协投降行径，号召全中国工农士兵和劳苦民众，“在反对第二次世界大战，推翻帝国主义统治，争取中华民族解放的利益之下实行坚决的斗争，一致反对日本强暴占领东三省，实行变帝国主义压迫中国的战争，为拥护苏维埃中国反帝国主义反国民党的革命战争，以解放中国”[①]。两天后，中共中央又作出《关于日本帝国主义强占满洲事变的决议》，向全党同志提出此次事变中的中心任务是：“加紧地组织领导发展群众的反帝国主义运动，大胆地警醒民众的民族自觉，而引导他们到坚决无情的革命斗争上来。抓住广大群众对于国民党的失望与愤怒，而组织引导他们走向消灭国民党统治的斗争。”[②] 9 月 30 日，中共中央为抗议日本帝国主义强占东三省发表第二次宣言，指出蒋介石的“无动于衷”，张学良的“不抵抗主义”，南京国民政府寄希望于国联“主持公道”的“镇静外交”都是变相的投降卖国行为。1932 年上海一·二八事变发生后，中国共产党又连续发表宣言，分析时局变化，作出政策调整和任务布置，并以中华苏维埃共和国临时中央政府名义，正式宣布对日作战。1933 年 1 月，中共以苏维埃临时中央政府和中国工农红军军事委员会的名义，提出“共同抗日三条件”：“(一)

①《中共中央文件选集》第 7 册，中共中央党校出版社 1983 年版，第 429 页。
②《中共中央文件选集》第 7 册，中共中央党校出版社 1983 年版，第 446 页。

立即停止进攻苏维埃区域；（二）立即保证民众的民主权利（集会、结社、言论、罢工、出版之自由等）；（三）立即武装民众创立武装的义勇军，以保卫中国及争取中国的独立统一与领土的完整。”①

1935年7月25日至8月20日，共产国际在莫斯科举行第七次代表大会，来自全世界65个政党的510名代表出席大会。大会通过的《关于建立反法西斯统一战线的决议》在揭露资本主义经济危机和法西斯阶级本质的基础上，要求各国共产党同社会民主党采取联合行动，实现工人阶级的统一，并联合其他民主阶层建立反法西斯人民阵线，殖民地半殖民地国家的无产阶级，争取建立反对帝国主义侵略的民族统一战线。会议期间，中共驻共产国际代表团率先发表《为抗日救国告全体同胞书》，即《八一宣言》（以下简称《宣言》）。

《宣言》提出建立“抗日联军”和“国防政府”的政治主张，言辞恳切、感情真挚，生动体现了中国共产党慷慨激昂、掷地有声的热血救国之情，勇于担当、不怕牺牲的爱国主义之举。摘录部分，以飨读者。

近年来，我国家我民族已处在千钧一发的生死关头。抗日则生，不抗日则死，抗日救国，已成为每个同胞的神圣天职！

然而最痛心的，在我们伟大民族中间，却发现着少数人面兽心的败类！蒋介石、阎锡山、张学良等卖国贼，黄郛、杨永泰、王揖唐、张群等老汉奸，数年以来，以“不抵抗”政策出卖我领土，以“逆来顺受”的主张接受日寇一切要求，以“攘外必先安内”的武断宣传来进行内战和压迫一切反帝运动，以“十年生聚”“十年教养”“准备复仇”等骗人的口号来制止人民抗日救国行动，以“等待世界第二次大战来了再说”的狡计来迫使我国人民坐以待亡……

中国苏维埃政府和共产党认为日寇和汉奸卖国贼对我国这

①《中共中央文件选集》第8册，中共中央党校出版社1985年版，第446页。

共产国际领导人与中共驻共产国际代表团团长王明合影

些行动,是中华民族的无上耻辱！苏维埃政府和共产党郑重宣言：我们不仅对于日寇对我国领土侵略和内政干涉，表示激烈的反抗；就是对于日寇提出解散国民党党部和蓝衣社组织底要求，也表示坚决的抗议。在共产党及苏维埃政府看来：一切中国人的事，应由中国人自己解决，无论国民党和蓝衣社卖国殃民的罪恶如何滔天，但其应否存废问题，日寇绝无置喙的余地。

领土一省又一省地被人侵占，人民千万又千万地被人奴役，城村一处又一处地被人血洗，侨胞一批又一批地被人驱逐，一切内政外交处处被人干涉，这还能算什么民族？！……

因此，今当我亡国灭种大祸迫在眉睫之时，共产党和苏维埃政府再一次向全体同胞呼吁：无论各党派间在过去和现在有任何政见和利害的不同，无论各界同胞间有任何意见上或利益上的差异，无论各军队间过去和现在有任何敌对行动，大家都应当有“兄弟阋于墙外御其侮”的真诚觉悟，首先大家都应当停止内战，以便集中一切国力（人力、物力、财力、武力等）去为抗日救国的神圣事业而奋斗。苏维埃政府和共产党特再一次郑重宣言：只要国民党军队停止进攻苏区行动，只要任何部队实行对日抗战，不管过去和现在他们与红军之间有任何旧仇宿怨，不管他们与红军之间在对内问题上有任何分歧，红军不仅立刻对之停止敌对行为，而且愿意与之亲密携手共同救国。①

因此，共产国际执行委员会政治书记处书记季米特洛夫在政治报告中对《八一宣言》给予充分肯定和特别支持：

我们的英勇的兄弟的中国共产党已经提议建立极广大的反帝统一战线，与中国领土内一切真正愿意救国救民的团体及个人共同反对日本帝国主义及其中国的走狗。

我们完全赞同中国共产党底这种提议，我敢代表本大会全体代表底意见，来以全世界的革命无产阶级底名义，向中国一切苏维埃，向中国革命人民，致热烈的兄弟的敬礼。（掌声雷动，全场起立）我们向在千百次战斗中锻炼过的中国的英勇红军，致热烈的兄弟的敬礼。（掌声雷动）同时我们很诚恳地向中国人民说：我们坚决拥护你们英勇的民族解放的斗争，决意帮助你们打倒一切帝国主义强盗及其中国走狗的压迫，帮助你们谋得完全的解放。（掌声雷动，全场起立，高声欢呼，继续好几分钟。各国代表一

①《中共中央文件选集》第9册，中共中央党校出版社1986年版，第483—485页。

致高呼欢迎口号）[①]

在这份特殊荣誉和道义力量支撑下，共产国际七大精神得以突破多重险阻传达到党内。随着抗日民族统一战线的逐步建立，中共抗日救国的旗帜越举越高，牢牢掌握了政治上的主动权。

二、爱国，就要救救“她”

1935 年 11 月 28 日，张闻天主持发布《抗日救国宣言》，公开提出，“不论任何政治派别、任何武装队伍、任何社会团体、任何个人类别，只要他们愿意抗日反蒋者，我们不但愿意同他们订立抗日反蒋的作战协定，而且愿意更进一步同他们组织抗日联军与国防政府。”在此基础上，拟定抗日救国的“十大纲领”：

1. 没收日本帝国主义的一切财产做抗日经费。2. 没收一切卖国贼及汉奸的财产，救济灾民及难民。3. 救灾治水，安定民生。4. 废除一切苛捐杂税，发展工商业。5. 发薪、发饷，改良工人、士兵及教职员的生活。6. 发展教育，救济失学的学生。7. 实现民主权利，释放所有的政治犯。8. 发展生产技术，救济失业的知识分子。9. 联合朝鲜、台湾、日本国内的工农及一切反日本力量，结成巩固的联盟。10. 对中国的抗日民族运动，表示同情、赞助或守善意中立的民族或国家，建立亲密有益的关系。[②]

该宣言是由张闻天在瓦窑堡以“中华苏维埃共和国中央政府主席毛泽东、中国工农红军革命军事委员会主席朱德”的名义发表的，鲜明体现了中共联合抗日的坚决态度以及贯彻执行共产国际决议的实际行动。11 月 29 日，张闻天在瓦窑堡主持召开中央政治局会议，讨论扩大民族统一战线问题时强调：“统一战线不

①《季米特洛夫文集》，解放社 1950 年 8 月东北版，第 136 页。

②《中共中央文件选集》第 9 册，中共中央党校出版社 1986 年版，第 588 页。

只是限于宣传，要变成实际行动。例如抗日联军国防政府要真正做起来，对军阀也只有拿纲领去影响他。”“要反对主要敌人。广泛统一战线问题放在全党的前面，看我们是不是能解决这一问题。”[①]也就是说，推动建立抗日民族统一战线是当时党的最中心的任务。而且，在此次讲话中，还明确提出了统一战线的领导权问题，强调“只有我们的同志抛开一切教条与法宝，而投身到群众中去，领导他们的斗争，同他们的领袖进行一定条件的联合与妥协，活泼地运用下层的以至上层的统一战线，依靠群众自己的政治经验，把斗争提到更高的阶段，我们才能团结最广大的群众在我们的周围，取得我们的领导权。”[②]

12月13日，毛泽东、周恩来从前线回到瓦窑堡后，更加集中、统一地讨论了如何贯彻执行共产国际抗日民族统一战线指示以及由张浩从苏联返回后传达的《八一宣言》倡议精神的问题，最后通过了由张闻天起草的《关于目前政治形势与党的任务的决议》，即《瓦窑堡会议决议》（以下简称《决议》）。《决议》开篇就指出了中华民族面临亡国灭种的严重危机，为此，中国共产党在抗日民族统一战线策略上的总路线是：“不但要团结一切可能的反日的基本力量，而且要团结一切可能的反日同盟者，是在使全国人民有力出力，有钱出钱，有枪出枪，有知识出知识，不使一个爱国的中国人，不参加到反日的战线上去。”[③]而且，《决议》特别强调了要争取统一战线中的领导权，指出：“共产党应该以自己积极的彻底的正确的反日反汉奸反卖国贼的言论与行动，去取得自己在反日战线中的领导权。”[④]为了适应形势和政策变化，中共及其领导的苏维埃共和国积极采取多项实际举措，以建立西北乃至全国的抗日大联合。

①《张闻天文集》第2卷，中共党史出版社1993年版，第21页。

②洛甫（张闻天）：《拥护苏维埃政府与工农红军抗日救国宣言》（1935年12月1日），《斗争》（中共西北中央局）第76期（1935年12月5日出版）。

③《中央关于目前政治形势与党的任务的决议》（1935年12月25日），《斗争》（中共西北中央局）第81期（1936年1月14日出版）。

④《中央关于目前政治形势与党的任务的决议》（1935年12月25日），《斗争》（中共西北中央局）第81期（1936年1月14日出版）。

西北革命军事委员会在瓦窑堡的旧址

第一，切实推行灵活务实、广泛结盟的政治策略。瓦窑堡会议后，中共陆续发布了《中华苏维埃共和国中央执行委员会关于改变对富农政策的命令》《中国人民红军抗日先锋军布告》《停战议和一致抗日通电》《中国共产党致中国国民党书》等推动联合抗日的文件。1936 年 7 月 16 日，在与斯诺的谈话中，毛泽东将国内抗日统一战线的形成、国际抗日统一战线的形成以及日本国内人民和日本殖民地人民的革命运动兴起，看作抗日战争胜利的三个条件，并指出“三个条件中，中国人民的大联合是主要的”。

9 月 8 日，毛泽东和张闻天、周恩来、秦邦宪致电朱德、张国焘、任弼时，指出："中国最大敌人是日本帝国主义，抗日反蒋并提是错误的。我们从二月起开始改变此口号。三月南京有人来接洽，我们提出一般的条件再往南京。六月、八月南京又有两次来件。八月上旬政治局讨论了对南京的方针，大体见以前给你们的电报，然而我们的估计还是不足的。八月下旬国际有进一步指示。目前我们的联络代表又已出去向南京接洽，双方正式负责代表进行具体谈判问题，依情势看有成就之希望。""你们不要提出'打倒中央军'及任何中国军队的口号，相反地要提出'联合抗日'口号。""你们提出的出川、陕、豫、鄂方案，是一种向南京进攻的姿势，只在不能出西北及南京谈判决裂之时，才是可行的与必须的。"[①]同年底，西安事变的和平解决和随后的第二次国共合作的建立，进一步表明中共灵活务实、广泛结盟的策略原则在实践上趋于成熟。1939 年 10 月 4 日，在《〈共产党人〉发刊词》中，毛泽东谈到四种统一战线，即无产阶级与农民的坚固联盟、与城市小资产阶级的可靠同盟、与民族资产阶级在一定时期的联盟、与买办大资产阶级在一定时期的联盟。后两种同盟虽不是永久性的联盟，但中共从抗日救国的大局出发，为建立和保持这两种联盟付出了很大努力。1941 年 5 月 8 日，毛泽东在总结打退第二次反共高潮的经验时指出："须知中国社会是一个两头小中间大的社会，共产党如果不争取中间阶级的群众，并按其情况使之各得其所，是不能解决中国问题的。"[②]同年，毛泽东写了《驳第三次"左"倾路线》一文，批判"地主不分田、富农分坏田"的"左"倾排外路线，进一步肯定了在抗日救国的中心目标下实行包括团结开明绅士在内的抗日民族统一战线政策。而且，中共内部对于这种务实灵活、广泛结盟的政治策略达成了高度一致，这种一致是以对中国国情的深刻认识为基础，以抗日救国为主要目标指向的。1944 年 3 月，周恩来在《关于党的"六大"的研究》

①《毛泽东年谱（1893—1949）》上卷（修订本），中央文献出版社 1993 年版，第 576—577 页。

②《毛泽东选集》第 2 卷，人民出版社 1991 年版，第 783 页。

一文中指出："大革命时是四个革命阶级（无产阶级、农民、小资产阶级、民族资产阶级）。在新民主主义革命阶段中，这四者有区别：无产阶级是领导阶级；工农是基本的革命力量；小资产阶级有动摇性；资产阶级有两重性，有时参加革命，有时反对革命。大革命时，有些带买办性的资产阶级也投机参加了，这是国共合作初期的国民党右派，不能作革命的动力。中国的民族资产阶级在反北洋军阀时是革命的，但也有软弱性，他们同帝国主义封建势力有联系。"①1942年7月，刘少奇在给中央其他领导人的信中明确阐述了争取中间派对于抗战后建立新中国的重大意义，指出："在大地主大资产阶级顽固派与我们的斗争之中，如果中间势力、中间阶层的动向是决定胜负的因素之一的话，如果这些中间势力的动向成为决定战后新中国的重要因素之一的话，那末，我们就应该以极大的注意和切实而广泛的工作去争取中间势力站到我们这一方面来，或在斗争中守善意的中立。"②显然，刘少奇不仅强调了争取中间势力、中间阶层的统一战线对于抗战胜利的重要意义，更着眼长远地谈到了其对于战后建立新中国的重要作用。

第二，化敌为友，积极实现与东北军的抗日大联合。直罗镇战役，为中共将革命大本营放在西北举行了奠基礼。战役中，东北军节节败退，红军没有将其各个击破，而是从抗日救国的大局着眼，采取怀柔政策，对其进行分化瓦解。例如，在太白镇战斗中，红军包抄了东北军第一〇六师。此前受命潜入该师从事地下工作的董彦文与前线红军取得联系后，报告了第一〇六师师长沈克对于"围剿"红军颇多动摇的情况。毛泽东等人了解情况后，随即商定释放被俘的第一〇六师军官数人，转达红军愿意与之谈判的意愿，提出只要沈克同意反蒋反日，人枪会如数奉还。而且，为了表达诚意，红军未等沈克表明态度，就主动撤去了对东北军的包围。1935年11月26日，张闻天致电毛泽东，提出："（一）

①《周恩来选集》上卷，人民出版社1980年版，第164—165页。

②《刘少奇选集》上卷，人民出版社1981年版，第230页。

参加直罗镇战役的红十五军团手枪连

为了扩大我们抗日反蒋的影响与同盟者，此次所俘东北军军官（师长亦在内）应给以优待，晓以抗日反蒋大义后大部释放。同时表示红军不但不杀白军士兵，而且也不杀军官，以进一步瓦解白军上层。（二）同高桂滋谈判已［有］初步成绩，协定草约已由双方代表同意后送上级批准”[①]。同日，毛泽东直接致信东北军第

①《张闻天文集》第 2 卷，中共党史出版社 1993 年版，第 14 页。

五十七军代军长董英斌，义正词严地指出："红军为打倒帝国主义而战，为打倒投降帝国主义之卖国贼而战，全国民众为红军之是赖，是以江西一军转战二万里，纵横十一省，红旗所向，当者披靡。既达陕甘，便可东进，不意张学良卖国贼之不足，又从而牵制抗日红军，进兵苏区，恣其蹂躏。敢告足下，此乃最大罪恶行为，环球之所共愤，通国之所不容，即东北军言，不但一切士兵不以为然，即中级下级干部亦多不以为然。"[①]为此，毛泽东在信中明确约定："（一）东北军不打红军，红军亦不打东北军；（二）贵军或任何其他东北军部队，凡愿抗日反蒋者，不论过去打过红军与否，红军愿与订立条约，一同打日本，打蒋介石；（三）红军优待东北军官兵，不但一律不杀，且分别任职或资遣回队，负伤官兵均照红军伤员一体医治。"[②]这封火线通信鲜明体现了中共及其领导的红军，为抗日救国，建立抗日民族统一战线而表示出的极大诚意和重要努力。1935 年底至 1936 年初，在劳山战役、榆林桥战役、直罗镇战役中，被红军俘虏的东北军中下级军官百余人，先后被带到瓦窑堡，接受教育改造和统一战线宣传工作，切实开展了有效的抗日反蒋宣传。1936 年 1 月 25 日，中共和红军领导人以公开信的形式发表《致东北军全体将士书》，充分肯定了东北军曾经有过的抗日历史，呼吁东北军和红军团结起来，共赴抗日救国的大业。此外，还通过个人信件，向张学良、王以哲等申明大义，使东北军上下层都了解中国共产党和红军联合全国军民共同抗日的主张。中共不计前嫌、以国家民族利益为重的襟怀和真挚情感，使张学良下定决心与"中共接触以谋求合作，停止剿共战争……团结其他方面共同抗日"[③]。1936 年 3 月，张学良到洛川与应约前来的中共代表李克农会谈，双方达成了关于停战、交通和通商等问题的口头协议。4 月 9 日，应张学良的要求，周恩来同张学良于肤施（延安）桥儿沟教堂举行秘密会谈，

① 转引自杨奎松《西安事变新探——张学良与中共关系之谜》，江苏人民出版社 2010 年版，第 37 页。

② 转引自杨奎松《西安事变新探——张学良与中共关系之谜》，江苏人民出版社 2010 年版，第 37 页。

③ 西北大学历史系中国现代史教研室、西安地质学院中共党史组、八路军西安办事处纪念馆：《西安事变资料选辑》1979 年版，第 440 页。

张表示接受中共关于停止内战、共同抗日的政治主张，提出争取蒋介石抗日的意见，还商定了红军与东北军互不侵犯、相互帮助，互派常驻代表及帮助东北军进行抗日教育等具体协定。此次会晤后，中共中央委派刘鼎作为中国共产党驻东北军代表，赴西安开展工作。6月20日，中共中央发出《关于东北军工作的指导原则》，指出“争取东北军走上抗日是我们的基本方针”，不是瓦解、分裂东北军，不是把东北军变成红军，而是把东北军变成抗日救国的友军。为此，在东北军内的统战工作，应是“上层统一战线与下层统一战线同时并进与互相配合”，“加速争取东北军转变为抗日军的过程”。①

据此，红军和地方党政机关都专门设立了争取东北军的工作机构。中共中央派出叶剑英为首的军事代表团常驻西安，在东北军、西北军中开展抗日宣传和干部训练，为两军的团结合作打下了基础。9月，中共与东北军正式签订了《抗日救国协定》，双方正式结束敌对状态，共同结成反日同盟。由此，张学良及其东北军开始走上联共抗日的道路。

第三，努力消除与杨虎城第十七路军从前的误会，积极实现“三位一体”西北抗日大联合。杨虎城早年参加过辛亥革命以及孙中山领导的多次反对北洋军阀的斗争，素有强烈的爱国主义精神和明显的进步倾向。例如，他在第十七路军任用了南汉宸、王炳南、申伯纯、杜斌丞等共产党员和进步人士。中共正是利用这些人对杨虎城及其部下的影响，逐步展开对西北军的统战工作。1935年10月，中共中央北方局派申伯纯到南京，向杨虎城及时通报《八一宣言》内容及抗日民族统一战线的相关主张。杨对此表示赞同，并同意就有关红军与西北军订立抗日友好互不侵犯协定的事宜进行具体商谈。12月，中共中央又派汪锋携毛泽东给杨虎城等人的亲笔信到西安。杨对毛泽东信中所提西北大联合，共同抗日的主张表示同意。1936年2月初，中共北方局派王世英到西安杨虎城处商谈联合抗日问题。商谈中杨虎城完全接受中

①《中共中央文件选集》第11卷，中共中央党校出版社1991年版，第35页。

东北军第六十七军军长王以哲

中共中央联络局局长李克农

中共中央驻东北军代表刘鼎

共停止内战、一致抗日的主张，双方商定：一、红军与十七路军各守原防，互不侵犯；二、再派代表，密切联系；三、在十七路军掩护下建立红军交通站、运输站；四、共同为抗日进行准备工作。中共中央同意了上述协议，并派张文彬为中共代表驻十七路军工作。在多方努力下，逐渐消除了从前的误会。此后，在十七路军掩护下，红军在鄜县、西安等地相继建立起秘密交通站、运输站，双方在前线也未发生实际冲突。与此同时，中共在促使张学良、杨虎城及东北军和十七路军改善关系方面也作了大量工作，并专门指示在两军中工作的中共党员和进步人士帮助消除隔阂，极力促进张、杨两军官兵的团结合作。1936年9月1日，中共中央向全党发出《中央关于逼蒋抗日的指示》，放弃了“反蒋抗日”方针，正式提出“我们的总方针应是逼蒋抗日”[①]。红军与东北军、十七路军之间以及东北军与十七路军之间都在这一共同方针下秘密结盟，这不仅标志着“三位一体”西北大联合格局初步确立，也表明西北地区抗日民族统一战线在中共“抗日救国”大旗下正式形成。这在国民党不抵抗主义的阵线上打开了缺口，打破了国民党反动派“攘外必先安内”的反动政策，促进了西北地区抗日救亡运动的蓬勃兴起。可以说，西北统一战线的形成，导致了堪称时局转换枢纽的西安事变的发生及其和平解决，大大推动了全国抗日民族统一战线的形成。

第四，国共两党第二次合作的实现与抗日民族统一战线的建立。西安事变和平解决后，动员全党和全国人民巩固和平，争取民主，早日实现全民族抗战成为中共的主要任务。为此，1936年12月27日中共中央向党内发出《中央关于蒋介石释放后的指示》，强调必须“继续督促与逼迫蒋介石实现他自己所许诺的条件”；改革国内政治；扩大与巩固红军，巩固东北军、十七路军与红军的团结，使陕甘两省首先成为抗日的根据地。1937年2月10日，中共中央又发表了《中共中央给中国国民党三中全会电》，提出五项要求：停止内战，集中国力，一致对外；保障言论、集会、结社之自由，释放一切政治犯；召开各党各派各界各军的代表会议，集中全国人才，共同救国；迅速完成对日作战之一切准备工作；改善人民的生活。对此，中共也作出了重大让步，明确指出如果国民党将上述五项要求定为国策，中国共产党愿意作出四项保证：实行停止武力推翻国民党政府的方针；工农政府改名为中华民国特区政府，红军改名为国民革命军；特区实行彻底的民主制度；停止没收地主土地的政策，坚决执行抗日民族统一战线的共同纲领。电文发表以后，得到广大爱国人士的赞同，

①《中共中央文件选集》第11卷，中共中央党校出版社1991年版，第35页。

杨虎城

南汉宸

王炳南

杜斌丞

进一步推动了国共两党就合作抗日的具体事宜进行谈判。卢沟桥事变的发生，使国共两党实现合作、共同抗日更加紧迫和必要。事变第二天，中共中央就向全国发出《中共中央为日军进攻卢沟桥通电》。通电向全国民众发出了疾呼："平津危急！华北危急！中华民族危急！只有全民族实行抗战，才是我们的出路！""全中国同胞，政府与军队，团结起来，建筑民族统一战线的坚固长城，抵抗日寇的侵略！""国共两党亲密合作抵抗日寇的新进攻！"同时，毛泽东、朱德、彭德怀等红军将领致电蒋介石，表示愿意"为国效命，与敌周旋，以达保土卫国之目的"。危难之际，方显英雄本色。在此民族危亡之际，中共将抗日救国的大旗越举越高，为建立抗日民族统一战线积极努力奔走。1937 年 7 月 8 日，周恩来率领中共代表团上庐山，同国民党谈判“发布国共合作宣言”“红军改编”“苏区改制”等问题。15日，中共代表周恩来等将《中共中央为公布国共合作宣言》交付蒋介石。17日，周恩来、博古、林伯渠同蒋介石、邵力子、张冲在庐山继续谈判。通过谈判，蒋介石承认陕甘宁边区，同意红军编为三个师，但在红军和苏区的管辖、每个师的参谋长和政训主任由哪方选派等问题上，双方各执己见、互不相让，使谈判陷入僵局。8月9日，周恩来、朱德、叶剑英飞赴南京出席国防会议，同时与国民党继续谈判，但仍未达成一致意见。这时，平津已经沦陷，上海的形势也日趋紧张，这就使得蒋介石在红军改编等问题上的态度有所松动。八一三事变发生后，蒋介石表示同意红军改编和建立总指挥部。8月22日，国民政府军事委员会正式发布红军改编为国民革命军第八路军，9月12日又改称为第十八集团军，任命朱德为总指挥、彭德怀为副总指挥。1937年8月22日至25日，中共中央在陕北洛川召开了政治局扩大会议，毛泽东作关于军事问题和国共两党关系问题的报告。大会通过了毛泽东为中共中央宣传部起草的《为动员一切力量争取抗战胜利而斗争》的宣传鼓动提纲，向中国国民党、全国人民、全国各党派、各界各军，提出彻底战胜日本帝国主义的十大救国纲领。8月25日，中共中央军委主席毛泽东，副主席朱德、周恩来发布命令，将红军改编为国民革命军第八路军，朱德任总指挥、彭德怀任副总指挥，叶剑英任总参谋长、左权任副总参谋长，任弼时任政治部主任、邓小平任副主任，下辖第一一五师、第一二〇师、第一二九师三个师。9月6日，陕甘宁边区政府正式成立，林伯渠任主席、张国焘任副主席。9月22日，国民党中央通讯社向全国公开发表了共产党于7月15日递交的《中共中央为公布国共合作宣言》。9月23日，蒋介石发表谈话，不仅承认了中国共产党的合法地位，还表明了集中整个民族力量，自卫自助、以抵暴敌、挽救危亡的抗日立场。至此，历经“反蒋抗日”“逼蒋抗日”“联蒋抗日”，以第二次国共合作为基础的抗日民族统一战线正式形成。

在日本帝国主义加紧侵略中国的形势下，中国面临着“国将不国”的严重危机。在这样的情形下，中国共产党为救国而持续不断地奔走呐喊，切实推动全国抗日的大联合。因此，救国就是最大的爱国。

三、爱国，就要给“她”民主

20 世纪 40 年代，世界反法西斯战场形势发生了重大变化。1943 年 1 月，苏联的斯大林格勒保卫战歼灭德军 33 万人。1944 年夏，苏军收复了全部国土，把战线推到东欧。1943 年 7 月，美英联军在意大利西西里岛登陆，9 月意大利政府向英美投降。1944 年 6 月，英美联军在法国诺曼底登陆，开辟了欧洲第二战场。美英在太平洋的作战进展顺利，这也深刻影响了中国的抗战形势。一方面，中国共产党制止国民党顽固派第三次反共高潮后，特别是陕甘宁边区和各敌后抗日根据地在克服了经济危机后，八路军和新四军也得到恢复和发展，敌后战场开始局部反攻；另一方面，国民党的正面战场一败再败，引起了国统区的严重危机。在此形势下，争取抗战最后胜利，废除国民党一党专政，建立民主共和国的愿望和呼声日趋强烈。

1944 年 3 月 12 日，周恩来在延安纪念孙中山逝世 19 周年大会上作了《关于宪政与团结问题》的演讲。演讲中，他明确指出，现时中国实行的宪政应该是新民主主义的宪政。并提出，“政治解决”的内容，应该是双方的公平合理的，“我党愿意坚守四条诺言”，国民党政府也应“承认我党在全国的合法地位，承认边区及各抗日根据地为其地方政府，承认八路军、新四军及一切敌后武装为其所管辖所接济的部队，恢复新四军的番号，并撤销对陕甘宁边区及各抗日根据地的封锁和包围”。1944 年 5 月 4 日，中共代表林伯渠在西安同国民党代表王世杰、张治中重开谈判。5 月 17 日，林伯渠偕王若飞抵达重庆，继续就国共两党关系问题同国民党代表进行谈判，并参加中共中央南方局的工作。随着大后方抗日民主运动不断高涨，社会各进步团体和阶层对国民党专制统治下的腐朽堕落日益失望和愤慨。在此情势下，中国共产党顺势而为，明确提出要求国民党改弦易张，实行民主，废除国民党一党专政，改组国民党政府，建立民主联合政府。1944 年 8 月 17 日，毛泽东在董必武给周恩来的电报上批示："应与张、左（中国民主政团同盟主席张澜和秘书长左舜生——引者注）商各党派联合政府。"9 月 1 日，他又在六届七中全会主席团会议上说明，党的主张是："召集各党派代表大会，成立联合政府，共同抗日将来建国""联合政府，三条政纲，可在答复张、王（国民党谈判代表张治中和王世杰——引者注）时提出。"豫湘桂战役的大溃退，更加引起大后方人民的强烈不满，迫于压力，国民党当局表示要开放民主，继续用政治解决国共关系问题，但同时又强调军令、政令统一，顽固坚持一党专政。对此，中国共产党坚决予以回击，决定公开提出建立"民主联合政府"的政治口号。9 月 15 日，林伯渠代表中共在参政会上就 4 月以来的国共两党的谈判作了详细报告，并代表中共提出："希望国民党立即结束一党统治的局面"，"组织各抗日党派联合政府，一新天下耳目，振奋全国人心，鼓励前方士气，以加强全国团结，集中全国人才，集中全国力量，这样一定能够准备配合盟军反攻，将日寇打垮。"①10 月 10 日，周恩来在《如何解决》的演讲中进一步阐明了建立民主联合政府的具体步骤和方法：第一，由各抗日党派、各抗日军队、各地方政府、各民众团体推选代表人数应根据各方所代表的实际力量按比例规定；第二，国民政府于最近期间召开国是会议；第三，在国是会议上，根据革命的三民主义的原则，通过切合时要、挽救危机的施政纲要；第四，在各方代表制定的共同施政纲领的基础上，成立各党派的联合政府；第五，联合政府有权改组统帅部，延纳各主要军队代表，成立联合统帅部；第六，在联合政府成立后，即着手筹备真正人民普选的国民

①《解放日报》1944 年 9 月 22 日第 1 版。

大会，实施宪政。[1]

随着太平洋战争接近胜利，美国政府开始考虑战后如何有效控制中国和整个亚太地区，表示愿意调解国共关系，并派出总统私人代表赫尔利来华。1944 年 10 月下旬，赫尔利和林伯渠、董必武在重庆就解决国共两党关系、立即结束一党专政、成立联合政府等问题举行先后进行了三次谈话。在此基础上，赫尔利于 11 月 7 日飞抵延安。毛泽东、朱德、周恩来同他进行了 3 天会谈。

针对赫尔利带来的维持国民党一党专政，取消共产党领导的军队和解放区等经蒋介石修改同意的谈判条件，毛泽东明确提出：中国目前亟待解决的问题是，改变国民党的错误政策，改组政府，组织包括国民党、共产党、其他党派和无党派民主人士在内的民主联合政府。经过谈判，双方于 11 月 10 日共同拟定了《中国国民政府、中国国民党与中国共产党协定（草案）》。草案的主要内容为：（一）中国政府、中国国民党与中国共产党应共同工作，统一中国一切军事力量，以便迅速击败日本与重建中国。（二）现在的国民政府应改组为包含所有抗日党派和无党无派政治人物代表的联合国民政府，并颁布及实行用以改革军事政治经济文化的新民主政策。同时，军事委员会应改组为所有抗日军队代表所组成的联合军事委员会。（三）联合国民政府应拥护孙中山先生在中国建立民有民享民治之政府的原则。联合国民政府应实行用以促进进步与民主的政策，并确立正义、思想自由、出版自由、言论自由、集会结社自由、向政府请求平反冤抑的权利、人身自由与居住自由，联合国民政府亦应实行用以实现下列两项权利即免除威胁的自由和免除贫困的自由之各项政策。（四）所有抗日军队应遵守与执行联合国民政府及其联合军事委员会的命令，并应为这个政府及其军事委员会所承认。由联合国得来的物资应被公平分配。（五）中国联合国民政府承认中国国民党、中国共产党及所有抗日党派的合法地位。[2]毛泽东代表中

①《中共中央文件选集》第 14 册，中共中央党校出版社 1992 年版，第 364—365 页。

②《建党以来重要文献选编（1921—1949）》第 21 册，中央文献出版社 2011 年版，第 607—608 页。

1

2

1_
1944 年 11 月 7 日，毛泽东等在延安机场迎接赫尔利
2_
1944年毛泽东在王家坪与赫尔利、包瑞德交谈

共在该草案上签字，赫尔利也以见证人身份签字。但当赫尔利11月19日回到重庆将协定草案提交蒋介石的时候，却遭到蒋介石的拒绝，并称：如果同意成立联合政府，等于承认国民党被共产党彻底打败了，等于把政府的控制权交给共产党。随后，蒋介石国民政府完全回避联合政府问题，并在赫尔利的帮助下试图对中共进行诱降。11月22日，周恩来、董必武会见蒋介石。蒋介石要中共交出军队，派代表参加国民党政府，周恩来、董必武坚持联合政府主张，并对蒋介石所谓的“政府的尊严不能损害”予以驳斥。[①]12月1日，毛泽东指示周恩来，过早提交复案是不利的，应坚持五条协定，俟七大开后再议复案，请周恩来、董必武同时返回延安。再加上国民党坚持独裁立场以及赫尔利态度的变化，周恩来、董必武于12月7日由重庆返回延安。12月12日，毛泽东与回到延安的周恩来向留在重庆的中共代表王若飞发出指示，指出：“牺牲联合政府，牺牲民主原则，去几个人到重庆做官，这种廉价出卖人民的勾当，我们决不能干，这种原则立场我党历来如此。”[②]12月21日，赫尔利复电周恩来，请周重返重庆谈判。12月22日，毛泽东复电赫尔利，指出：鉴于国民政府目前无诚意根据我们提议的五条方针来进行谈判，且周恩来正从事某会议的准备工作，难以抽身，提议包瑞德来延安一谈。[③]12月28日，周恩来致函赫尔利，表示：只有废除国民党的一党专政，组织民主联合政府，才能使中国走向民主，使人民开始走向自由。国民党一党政府内的个别人事变动并不能改变国民政府及其政策。因此，国民党如果真有革新政治的诚意和决心，应首先做到：1.释放全国政治犯，如张学良、杨虎城、叶挺、廖承志及其他大批被监禁的爱国志士；2.撤退包围陕甘宁边区及进攻华中新四军、华南抗日纵队的国民党大军；3.取消限制人民自由的各种禁令；4.停止一切特务活动。[④]这一针见血地揭露了国民党的虚伪面目，狠

①《毛泽东年谱（1893—1949）》（修订本）中卷，中央文献出版社2013年版，第561页。

②《建党以来重要文献选编（1921—1949）》第21册，中央文献出版社2011年版，第648页。

③《毛泽东年谱（1893—1949）》（修订本）中卷，中央文献出版社2013年版，第561页。

④《周恩来书信选集》，中央文献出版社1988年版，第252—253页。

狠地“将”了国民政府一军。蒋介石不得不在1945年1月1日的元旦广播演讲中作出姿态，宣布将召开国民大会以颁布宪法，归政于全国的国民。随后，赫尔利也致电中共再启谈判。1月20日，赫尔利致函毛泽东，认为国民党政府准备作出重要让步，建议再派周恩来赴重庆谈判。1月24日，周恩来飞抵重庆。出发前，毛泽东给出三条重要指示：一、争取联合政府，与民主人士合作；二、召开党派会议作为具体步骤，国民党、共产党、民盟参加；三、要求国民党释放张学良、杨虎城、叶挺、廖承志等，撤退包围陕甘宁边区的军队，实现一些自由，取消特务活动。①1月25日，周恩来在重庆发表声明，重申共产党的主张，并于当日与赫尔利会晤。赫尔利提出在行政院下设立各党派参加的战时内阁性质的机构，成立国、共、美各一人参加的整编委员会来整编中共军队，并由蒋介石委派一美国军官做总司令等“新建议”。周恩来当即予以拒绝。2月2日，周恩来代表中共中央向国民党提议：召开由国民党、共产党及民盟三方代表参加的党派会议，会议有权讨论和决定如何结束党治、改组政府，有权起草施政纲领，各方代表在这一会议上享有平等地位。2月13日，周恩来在赫尔利的陪同下会见蒋介石，蒋明确表明对联合政府的拒绝态度，宣称不接受组织联合政府的主张，组织联合政府无异于推翻政府，党派会议等于分赃会议。②因此，国共谈判陷入僵局。2月15日，周恩来代表中共中央就国共谈判发表声明：由于国民政府在谈判中坚持要中共交出军队，坚持一党专政，反对民主联合政府，谈判毫无结果。2月16日，周恩来返回延安。后来，国民党不顾各界进步力量的反对，决定于11月12日召开国民大会，拒绝了中共、各民主党派和全国人民要求召开党派会议、成立民主联合政府的主张，国共两党关于建立民主联合政府的谈判也宣告结束。

中国共产党提出的“民主联合政府”的策略方针，不仅切实反映了全国人民的共同愿望，为坚持团结抗战指明了正确道路，

---

①《毛泽东年谱（1893—1949）》（修订本）中卷，中央文献出版社2013年版，第575页。

②《毛泽东年谱（1893—1949）》（修订本）中卷，中央文献出版社2013年版，第580页。

也集中体现了中国共产党人的爱国主义精神，为新民主主义革命的最终胜利奠定了更加坚实的政治基础。在此意义上，“建立民主联合政府”的主张集中体现了中国共产党人的拳拳爱国之心，充分彰显了中国共产党的爱国之志。

四、爱国，就要许“她”光明

1943 年 3 月，国民党以蒋介石名义出版了《中国之命运》一书。该书大肆鼓吹“一个主义、一个政党、一个领袖”的法西斯主义，公开反对共产主义，污蔑共产党领导的解放区、八路军和新四军。蒋介石指出：近百年来，“就是因为在不平等条约压迫之下，中国国民对于西洋的文化，由拒绝而屈服；对于固有文化，由自大而自卑”，“于是中国人本为不甘心做奴隶而学西洋的文化，然而结果却因学西洋的文化而在不知不觉之中，做了外国文化的奴隶了”。到此，他话锋一转，暴露出其真实意图，指出：“五四以后，自由主义与共产主义变而不知其常的。他们对于西洋文化，都是只仿其形迹，而不求其精义以裨益中国的国计民生的”，“这样抄袭附会而成的学说和政论，不仅不切于中国的国计民生，违反了中国固有的文化精神，而且根本上忘记了他是一个中国人，失去了要为中国而学亦要为中国而用的立场”，“所以他们领导的各种学说和运动，只能暂而不能久，而且没有不是自误误人潦倒一生的”。[1] 此外，蒋介石在《中国之命运》中还暗地指责中共破坏革命，说道：“今日不平等条约既已取消了，则中国今后的命运乃就要决之于国内政治之是否统一，与国力之能否集中的一点之上。”更有甚者，他还将中共边区政权与租界、外国驻兵权和封建割据相比拟，将其称为“变相的军阀和新式的封建”，是祸国殃民地搞“国中之国”。[2]《中国之命运》的出版，既是蒋介石发动第三次反共高潮的舆论动员，更引起了

① 蒋中正：《中国之命运（增订本）》，正中书局 1944 年版，第 70—73 页。

② 蒋中正：《中国之命运（增订本）》，正中书局 1944 年版，第 200—209 页。

以毛泽东为代表的中国共产党人对于中国之命运的思考、宣传和动员。

1945 年 4 月 23 日，毛泽东在中国共产党第七次全国代表大会的开幕词中集中阐述了“两个中国之命运”，指出：“我们这个大会有什么重要意义呢？我们应该讲，我们这次大会是关系全中国四亿五千万人民命运的一次大会。中国之命运有两种：一种是有人已经写了书的（蒋介石《中国之命运》——引者注）；我们这个大会是代表另一种中国之命运，我们也要写一本书出来（毛泽东在中国共产党第七次全国代表大会的书面政治报告《论联合政府》——引者注）。我们这个大会要打倒日本帝国主义，把全中国人民解放出来。这个大会是一个打败日本侵略者、建设新中国的大会，是一个团结全中国人民、团结全世界人民、争取最后胜利的大会。”[①] 在此基础上，毛泽东进一步指出：“在中国人民面前摆着两条路，光明的路和黑暗的路。有两种中国之命运，光明的中国之命运和黑暗的中国之命运。现在日本帝国主义还没有被打败。即使把日本帝国主义打败了，也还是有这样两个前途。或者是一个独立、自由、民主、统一、富强的中国，就是说，光明的中国，中国人民得到解放的新中国；或者是另一个中国，半殖民地半封建的、分裂的、贫弱的中国，就是说，一个老中国。一个新中国还是一个老中国，两个前途，仍然存在于中国人民的面前，存在于中国共产党的面前，存在于我们这次代表大会的面前。”[②] 因此，中共七大一个非常重要的成果就是制定了新的政治路线，即“放手发动群众，壮大人民力量，在我党的领导下，打败日本侵略者，解放全国人民，建立一个新民主主义的中国”[③]。这条政治路线集中体现了中国共产党从抗战救国到抗战建国的重大转变：一是规定了党的战略目标是“打败侵略者，建设新中国”。党的七大把打败日本侵略者同建设新民主主义中国的任务直接联

① 中央文献研究室编：《毛泽东在七大的报告和讲话集》，中央文献出版社 1995 年版，第 17 页。

② 中央文献研究室编：《毛泽东在七大的报告和讲话集》，中央文献出版社 1995 年版，第 17—18 页。

③《毛泽东文集》第 3 卷，人民出版社 1996 年版，第 303 页。

毛泽东在中共七大上作《论联合政府》的报告

系起来，这样，就尽显中国共产党和广大革命民众的爱国主义之心以及为争取中国光明前途而不懈努力斗争的高度自觉性。二是指明了实现上述战略目标的基本方法是“放手发动群众，壮大人民的力量”。这就要求，在工人阶级领导下，放手发动农民群众，壮大农民群众的力量，发动小资产阶级和其他民主分子的力量。三是强调加强共产党的领导，是争取抗战胜利和建设新中国的关键。中国共产党“三次革命的经验，尤其是抗日战争的经验，给了我们和中国人民这样一种信心：没有中国共产党的努力，没有中国共产党人做中国人民的中流砥柱，中国的独立和解放是不可能的，中国的工业化和农业现代化也是不可能的”[1]。

中国共产党历史性地回答了心目中的理想中国究竟是什么样的，应该把最深沉的爱给予一个什么样的中国。

①《毛泽东选集》第3卷，人民出版社1996年版，第1097—1098页。

第四章

爱国主义与国际主义的完美统一

延安生机勃勃、军民紧密团结的氛围，使到过延安的国际友人深受感染，对这片土地产生浓厚的兴趣，为延安魂牵梦绕。在这里，爱国主义与国际主义相统一。正如伊斯雷尔·爱泼斯坦所说，“中国人一般从爱国主义走向国际主义，而我是从国际主义走向爱国主义。”延安时期，在支持中华民族解放事业中，众多走进延安的国际友人逐渐将中国视为自己国家，从国际主义战士成长为爱国人士，他们将自己的命运与中国革命融为一体，实现了爱国主义与国际主义的统一。

一、让世界了解延安

延安时期，很多国际友人在这里采访、参观、考察、学习、工作、战斗。无论这些外国朋友来自哪个国家，是什么肤色，有着怎样的职业，他们为中国的革命事业作出了自己的贡献，甚至献出了宝贵生命。

埃德加·斯诺是第一个到达陕北红区的西方记者，在宋庆龄和鲁迅的影响下，他对中国的现实认识有了质的飞跃。带着疑惑、期盼以及对中国的热爱，斯诺受邀于1936年7月抵达延安。周恩来在延安窑洞正式会见了斯诺，为他拟定了92天苏区采访计划。毛泽东多次与斯诺面谈，常常一聊就是一夜，一起畅谈抗日形势、苏维埃政策、中国共产党与共产国际的关系、联合战线等问题，毛泽东的真知卓识、精辟论断给斯诺留下了深刻印象。促膝长谈多次后，有次聊到长征历程，毛泽东抄赠自己的诗《七律·长征》送给斯诺。“红军不怕远征难，万水千山只等闲。五岭逶迤腾细浪，乌蒙磅礴走泥丸。金沙水拍云崖暖，大渡桥横铁索寒。更喜岷山千里雪，三军过后尽开颜。”斯诺非常喜欢这首诗，将诗作翻译成英文，写入自己的采访日记，后来在西方多国出版的《红星照耀中国》一书中第五编《长征》就以这首诗作为结束语。

斯诺在保安时，几乎每天都要去毛泽东的窑洞坐坐，两人经

1

2

1_
埃德加·斯诺
2_
斯诺为毛泽东拍摄的照片

常一起吃饭。斯诺惊诧于毛泽东简单朴素的饮食习惯，看着每次几乎没什么变化的饭菜，一盘辣椒、几根青菜，小米饭或者馒头，斯诺感叹这样的生活太清苦了，他问毛泽东为什么要吃那么多辣椒？毛泽东则幽默地以“辣椒是穷人的大荤”作答：“吃辣椒多少能反映一个人的斗争精神，革命者都爱吃辣椒。因为辣椒曾领导过一次蔬菜造反。我们家乡湖南出辣椒，爱吃辣椒的人也多，所以出产的革命者也不少，如黄兴、陈天华及红军中的彭德怀、罗荣桓、王震、贺龙等。而在世界上爱吃辛辣食物的国家，往往盛产革命者，如法国、西班牙、俄国等等。”[①]毛泽东用辣椒隐喻革命者英勇无畏和迎难而上的意志，斯诺后来在书中描写毛泽东嗜爱辣椒的细节：“毛泽东有着南方人爱吃辣椒的癖好，甚至把辣椒夹在馒头里吃。”

经过多次畅谈，斯诺与毛泽东结下了亲密的友谊，毛泽东也对斯诺提出一点期望，希望他实事求是地将中共和红军的真实情况告诉全世界，斯诺在延安深受鼓舞：“我一定将我所见所闻向世界人民宣传，让人们都知道这个未知之地的谜底。”窑洞里数不清次数的交谈使斯诺不仅了解了毛泽东，更深度掌握了共产主义运动在中国发展过程和红军二万五千里长征的珍贵资料。“了解毛泽东也就等于了解中国革命和红军，”斯诺兴奋地说，“毛泽东生平的历史是整整一代人的一个丰富的横断面，是要了解中国国内动向的原委的一个重要指南。”还指出：“毛泽东在群众中的形象，不但是一个党的领袖，而且更是一个公认的、名副其实的导师、政治家、军事家、哲学家、桂冠诗人、民族英雄。”

1936年10月底斯诺离开苏区，秘密返回北平，集中整理在延安的采访笔记，不到两周，《中共领导人毛泽东访问记》就在《密勒氏评论报》刊出，《大美晚报》《民主》《每日先驱报》《星期六晚报》《生活》《亚洲》《新共和》等报刊接连发表了斯诺对中国苏区的报道，大量的照片和访谈记录如实记录了中国共产党在艰苦环境下，如何自力更生，以抗日必胜的信心争取统一战

① 任文：《国际友人在延安》，陕西师范大学出版社2014年版，第111页。

1

2

1_

毛泽东和斯诺

2_

埃德加·斯诺在陕北采访

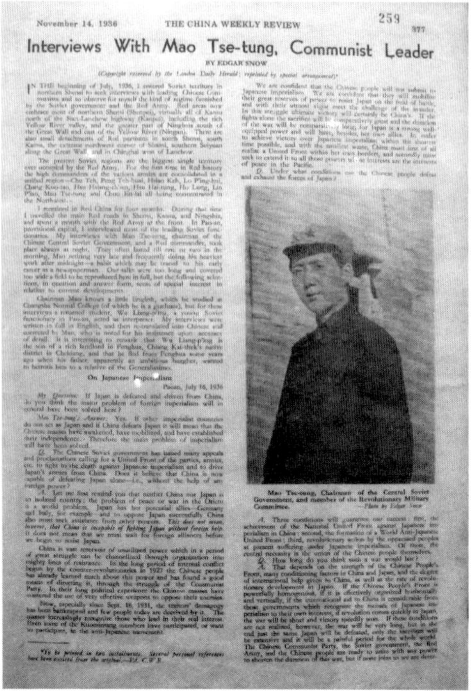

November 14, 1936 THE CHINA WEEKLY REVIEW 259

Interviews With Mao Tse-tung, Communist Leader

BY EDGAR SNOW

On Japanese Imperialism

Mao Tse-tung, Chairman of the Central Soviet Government, and member of the Revolutionary Military Committee.

《密勒氏评论报》刊登埃德加·斯诺撰写的文章《中共领导人毛泽东访问记》

线。1937年初，《红星照耀中国》初稿完成，10月一经出版即震动世界，供不应求，几个星期就重印五次，每次都是一抢而空，美国版发行后，三周内销量一万两千本，全书被译为法文、德文、俄文、西班牙文、意大利文、希伯来文、瑞典文、日文、印地文、蒙古文、哈萨克文、荷兰文、塞尔维亚文等语言，畅销各国。

毛泽东感叹说：“当其他人谁也不来的时候，斯诺来到这里调查我们的情况，并帮助我们把事实公诸于世……我们将永远记得他曾为中国做过一件巨大的工作。他是为建立友好关系铺平道路的第一人。”1939年，斯诺再赴延安访问，毛泽东在延安干部会上说：“斯诺的《西行漫记》是真实地报道了我们的情况，介绍了我们党的政策的书，这本书是外国人报道中国革命最成功的两部著作之一。”

1941年2月，斯诺离开中国返回美国。归国后，他多次到白宫会见罗斯福总统，每次都强调美国应该促进中国国民党与共产党的两党合作，联合抗日，推进建设新中国。同时，他坚持不懈地向世界人民宣传中国的抗日战争：“我依然赞成中国的事业，从根本上说，真理、公正和正义属于中国人民的事业，我赞成任何有助于中国人民自己帮助自己的措施,因为只有采用这种方法，才能使他们自己解救自己。”新中国成立后，斯诺多次重返中国。1972年2月15日，斯诺因患癌症病逝，重病之时，他留下遗嘱：“我爱中国，我愿在死后把我的一部分留在那里，就像我活着时那样……”遵照斯诺遗愿，他的一部分骨灰安葬在北京大学未名湖畔，青色岩石上横卧的汉白玉墓碑上写着：“中国人民的美国朋友埃德加·斯诺之墓”，毛泽东为悼念诺斯写道：“斯诺先生是中国人民的朋友。他一生为增进中美两国人民之间的相互了解和友谊进行了不懈的努力，作出了重要的贡献。他将永远活在中国人民心中。”①

斯诺的《红星照耀中国》（《西行漫记》）、《海伦福斯特斯诺的来信》、《新闻战线》等让世界人民更加真实地了解了中国的红色政权，推动了中国共产党愿与国民党建立抗日民族统一战线。在他的影响下，越来越多的外国记者、作家来到延安，史沫特莱就是其中一位。来到延安后，她感叹：“我过着一种从未梦想过的平静而美好的生活。无论是在上海还是在美国，我都不能过得如此自由自在，如此惬意 。”在遗嘱中，她写道：“我

① 任文：《国际友人在延安》，陕西师范大学出版社2014年版，第108—122、3、12、230—231页。

只有一种忠诚，一种信仰，那就是忠于贫穷和受压迫者的解放。在这个意义上，就是忠于中国正在实现的革命。……我的精神在世界任何一个地方都不能得到安息，除了在中国。”德国共产党员汉斯·希伯在前线进行战地采访，后来壮烈牺牲。白修德在延安采访了毛泽东、朱德、刘少奇、彭德怀、彭真等领导人，他在书中写道，延安是一个思想工厂。哈里森·福尔曼的《红色中国的报道》、冈瑟·斯坦因的《红色中国的挑战》、莫里斯·武道的《我从陕北回来》、伊斯雷尔·爱泼斯坦的《中国未完成的革命》等都如实介绍了中国革命的真实情况。美国记者斯蒂尔在延安访问时说：“第一，共产党常常说的为人民服务，在延安所亲见的各种具体事实，我认为这是货真价实的；第二，不到延安，实在不能深触到中国问题的内脏；第三，我要是在延安住上十一天，那我一定也将变成一个共产主义者。”[①]

美国医生乔治·海德姆是最早进入根据地的外国医生，在苏区生活几个月后，他就决定留在这片充满希望的土地，参加红军。此后，马海德成了他的中文名，在延安工作十多年，他医治的军民超过了延安总人口。新中国成立后，他如愿以偿加入中国国籍，实现了自己“生在异国，魂归延安”的愿望，永远留在了中国。由爱德华、柯棣华、巴苏华等人组成的印度援华医疗队也克服重重困难，来到延安支援抗日。不久，柯棣华医生也加入了中国共产党，他逝世后，毛泽东高度评价：“印度友人柯棣华大夫，远道来华，援助抗日，在延安、华北工作近五年之久，医治伤员，积劳病逝，全军失一臂助，民族失一友人。柯棣华大夫的国际主义精神，是我们永远不应该忘记的。”[②]苏联医生安德烈·阿洛夫是边区模范医务工作者，毛泽东曾手书“模范医生”锦旗赠予他。德国医学博士汉斯·米勒、奥地利医生罗生特、朝鲜医生方禹镛、美国军医梅尔文·卡斯伯格等外国医生在边区救死扶伤，以国际主义精神为中国抗战贡献自己力量。

---

①《延安民主模式研究资料选编》，西北大学出版社2004年版，第230—231页。

②《纪念柯棣华》，人民出版社1982年版，第26页。

1

2

1_
外国记者在延安
2_
外国医生在延安

此外，曾在晋察冀军区从事无线电技术培训工作，主讲高等物理、数学、电磁学等课程的英国物理学家威廉·班德夫妇冒险冲过日军封锁抵达延安，为我军培养无线电技术人才；新西兰技术专家路易·艾黎，在延安创办“延安工合事务所”，发展边区的军用及民用工业；美国人李敦白在延安新华广播电台从事电讯技术和英语播音工作；共产国际派驻的军事顾问奥托布·劳恩在红军大学、抗日军政大学讲授战役学；越南革命者武元博参加抗日战争，在五台山根据地工作；朝鲜作曲家郑律成在延安创作了《八路军进行曲》《延水谣》等歌曲；越南共产党主席胡志明也来到延安，与中国人民一起并肩战斗；日本共产党领袖野坂参三在延安组建在华日本人反战同盟支部，从事日本战俘思想改造工作。诸多国际主义战士、国际友人曾在延安工作，内容所限，不能一一列举。

正如毛泽东所说：“中国人民需要有自己的朋友，应当记住自己的朋友，而不要忘记他们。”在最困难的时期，国际友人在延安协助中国共产党和中国人民进行抗日战争，传播中国共产党的方针、政策，壮大了中国革命力量，加速了中国革命事业的胜利。他们是各国人民的优秀代表，他们中很多人来到这里时，心中已无国界的沟壑。而在延安的短暂岁月，更多的国际友人深深地爱上这里，加入中国共产党，加入中国国籍，选择永远生活在这片热土。延安时期，爱国主义与国际主义相统一，国际友人们的丰功伟绩、共产主义精神、国际主义精神将永载中国革命史册，铭记在我们心中。

二、共产主义理想的“黏合剂”

抗战时期，日本帝国主义的疯狂侵略愈加激发了中国人民的爱国主义精神，中国共产党在艰苦条件下英勇抗日的壮举及取得的卓越战绩引起了世界人民的普遍关注，吸引了一批批国际共产主义者。

（一）伟大的共产主义战士白求恩

白求恩是加拿大共产党援华代表之一，无论是在延安还是在晋察冀前线，他忘我工作、甘于奉献的工作态度和国际主义精神都鼓舞着身边的每一位同志。抗日战争爆发后，受《西行漫记》《中国红军在前进》《中国的第一步行动》等书籍影响，白求恩逐渐对中国反侵略战争产生同情之心，更加向往中国。在美国洛杉矶医疗当局举办的“西班牙人民之友”活动中，陶行知先生对中国形势进行了介绍，号召国际友人参与到中国的反侵略斗争中去，白求恩受其感召，热切表达“西班牙和中国都是同一战场的一部分，我愿意到中国去，那里是我更有用的地方”[①]。

白求恩大夫

① 任文：《国际友人在延安》，陕西师范大学出版社2014年版，第169页。

1

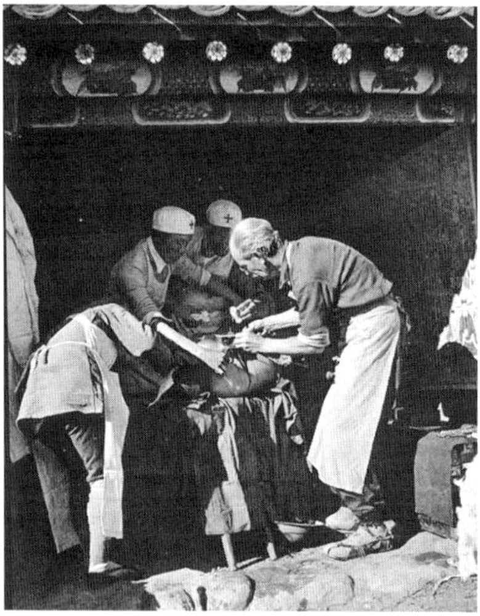

2

1_
白求恩从延安奔赴抗战前线
2_
白求恩在临时搭建的手术室里为伤员做手术

1938年初，为躲避敌军轰炸袭击，白求恩同志辗转经过香港、汉口、临汾、潼关、西安等多地，绕道奔赴延安。在长途跋涉中，他看到饱受战争摧残的中国人民，更加坚定了自己的国际共产主义信仰。在后来的回忆中，他谈道："荒芜的土地、被烧焦的村庄及颠沛流离、饥寒交迫的难民，给我留下了深刻的印象。我诅咒这场战争。"①

1938年3月31日，白求恩顺利到达延安，在接受毛泽东会见时，他强烈表达了自己到最前线进行支援的愿望："我希望组织一个战地医疗队，很快到敌人后方去。"在延安短暂停留后，同年6月，白求恩就奔赴晋察冀军区展开工作，为军区带来显微镜、X光机、手术器械、大量药品等亟须用品，培养医疗骨干、创办卫生学校、编写医学教材、开创火线医疗救治法，用自己精湛的医术、极大的热情投入中国的共产主义事业。

1938年底，后方医院一位伤员失血过多，急需输血，白求恩毫不犹豫地说："我是O型血，就抽我的。"面对别人对自己年龄的担心，他反驳："前方战士为国家为民族流血牺牲，我们在后方工作，拿出一点血有什么不应该？" 当即为伤员输血300毫升。1939年初，白求恩将手术室设在距离前线仅3公里左右的屯庄，在枪林弹雨中镇定地完成了115名伤员的手术，冀中四个月，历经多次战斗，他共实施手术315台。超负荷的工作强度下，白求恩忘我的工作精神感动了身边每一个人，大家都亲切地称他"白大夫"。深夜中那盏亮起的油灯，映照着 "白大夫"在手术台忙碌的身影，他不是在认真聆听医疗队工作人员汇报伤员病情，就是在为次日授课做准备，抑或是去查看病房，亲手为伤员端杯水、盖棉被、倒屎尿。

1939年10月，疲惫的白求恩在一台手术中，不小心划破了自己的左手中指，他不舍得休息片刻，简单处理后，就立刻投入救治伤员的忙碌工作中。次日，在伤口已经发炎的情况下，他仍坚持工作，几十台手术、几场教学讲授后，在一台手术中伤口严

① 任文：《国际友人在延安》，陕西师范大学出版社2014年版，第170页。

1

2

1_
白求恩大夫追悼大会
2_
以白求恩的名字命名的
白求恩国际和平医院

重感染，引发败血症，高烧不退，病情不断恶化。生命的最后时刻，他叮嘱军区卫生部部长叶青山：“请转告毛主席，感谢他和中国共产党给我的帮助。我相信，在毛主席的领导下，中国人民一定会获得解放！”[①]11月12日，年仅49岁的“白大夫”溘然长逝。

白求恩逝世后，延安各界举行追悼会，毛泽东亲书挽联，高度评价白求恩的国际主义、共产主义精神，写道：“学习白求恩同志的国际精神，学习他的牺牲精神、责任心与工作热忱。”[②]陕甘宁边区政府献挽联：“万里跋涉，树立国际和平，堪称共产党员模范；一腔热血，壮我抗日阵垒，应作医界北斗泰山。”

1972年，加拿大政府成立白求恩纪念委员会、白求恩基金会，追认白求恩为“具有国际影响力的英雄”。1990年，经人民评选，白求恩位列受广泛爱戴的“十大国际友人”之一，2009年，又被评为“100位为新中国成立作出突出贡献的英雄模范人物”。在“白大夫”身上，我们看到特殊岁月中，爱国主义如何与国际主义相统一，这种精神永垂不朽，永远激励着我们追求美好生活，走向共产主义。

附录：

纪念白求恩

（1939年12月21日）

毛泽东

白求恩同志是加拿大共产党员，五十多岁了，为了帮助中国的抗日战争，受加拿大共产党和美国共产党的派遣，不远万里，来到中国。去年春上到延安，后来到五台山工作，不幸以身殉职。一个外国人，毫无利己的动机，把中国人民的解放事业当作他自己的事业，这是什么精神？这是国际主义的精神，这是共产主义的精神，每一个中国共产党员都要学习这种精神。列宁主义

①任文：《国际友人在延安》，陕西师范大学出版社2014年版，第176—177页。

②《白求恩在中国》，人民出版社1977年版，第1页。

认为：资本主义国家的无产阶级要拥护殖民地半殖民地人民的解放斗争，殖民地半殖民地的无产阶级要拥护资本主义国家的无产阶级的解放斗争，世界革命才能胜利。白求恩同志是实践了这一条列宁主义路线的。我们中国共产党员也要实践这一条路线。我们要和一切资本主义国家的无产阶级联合起来，要和日本的、英国的、美国的、德国的、意大利的以及一切资本主义国家的无产阶级联合起来，才能打倒帝国主义，解放我们的民族和人民，解放世界的民族和人民。这就是我们的国际主义，这就是我们用以反对狭隘民族主义和狭隘爱国主义的国际主义。

白求恩同志毫不利己专门利人的精神，表现在他对工作的极端的负责任，对同志对人民的极端的热忱。每个共产党员都要学习他。不少的人对工作不负责任，拈轻怕重，把重担子推给人家，自己挑轻的。一事当前，先替自己打算，然后再替别人打算。出了一点力就觉得了不起，喜欢自吹，生怕人家不知道。对同志对人民不是满腔热忱，而是冷冷清清，漠不关心，麻木不仁。这种人其实不是共产党员，至少不能算一个纯粹的共产党员。从前线回来的人说到白求恩，没有一个不佩服，没有一个不为他的精神所感动。晋察冀边区的军民，凡亲身受过白求恩医生的治疗和亲眼看过白求恩医生的工作的，无不为之感动。每一个共产党员，一定要学习白求恩同志的这种真正共产主义者的精神。

白求恩同志是个医生，他以医疗为职业，对技术精益求精；在整个八路军医务系统中，他的医术是很高明的。这对于一班见异思迁的人，对于一班鄙薄技术工作以为不足道、以为无出路的人，也是一个极好的教训。

我和白求恩同志只见过一面。后来他给我来过许多信。可是因为忙，仅回过他一封信，还不知他收到没有。对于他的死，我是很悲痛的。现在大家纪念他，可见他的精神感人之深。我们大家要学习他毫无自私自利之心的精神。从这点出发，就可以变为大有利于人民的人。一个人能力有大小，但只要有这点精神，就是一个高尚的人，一个纯粹的人，一个有道德的人，一个脱离了低级趣味的人，一个有益于人民的人。[①]

（二）“解放全人类的世界公民”阳早、寒春夫妇

出生于美国芝加哥的寒春（琼·辛顿）是美国核物理学家，曼哈顿计划中少数的女科学家之一，也是著名物理学家杨振宁的师姐，曾参与美国第一颗原子弹的研制，二战对她的思想产生巨大影响。1945 年，二战的最关键时刻，美国向日本投射的两颗原子弹使 20 多万条生命瞬间化为灰尘。寒春的同事说：“这不是蘑菇云，这是日本人的骨头和肉！”这句话惊醒了寒春，她回望初心，自己投身科学，是想造福人类，没料到这种科学带来的只是毁灭和杀戮，“科学不应该是这样的，如果科学是这样的，那么我想要的就不是科学。”她逐渐产生了放弃核物理研究的想法，就在她茫然无措时，哥哥韩丁和男友阳早都对中国革命赞不绝口，这让寒春产生了对中国的向往，尽管条件艰苦，时局艰难，团结一心的共产主义力量却在延安不断散发迷人魅力。“这是一个梦想的破灭和另一个信仰的开始”，慎重考虑后，寒春决定放弃美国的优渥条件和大好前程，前往中国，到延安去亲眼见证中国的崛起和复兴。

1945 年，与韩丁同为室友的阳早（欧文·恩格斯特）被韩丁所描述的神秘东方国度深深吸引。1946 年 2 月，刚刚毕业于美国康奈尔大学的他带着对“小米加步枪”神话的好奇，怀抱“解放全人类”的伟大理想，以联合国善后救济总署奶牛专家的身份来到中国。在这里，他经常看到横尸街头或饿死或死于战争的民众。半年后他辗转奔赴延安，在延安农场，他看到了完全不同的景象，干部群众都衣着简陋，从外表着装根本分不出他们的身份，却都精神抖擞，延安的积极向上让他觉得心情舒畅。在延安，他主要从事农具改革和畜牧业技术工作，渐渐被“小米加步枪”的精神感动，他热爱这片土地及生活在这片土地上的人民，深信中国共产党一定能实现“解放全人类”的伟大理想。很多人问他为

①《毛泽东著作选读》上册，人民出版社 1986 年版，第 345—347 页。

什么不远万里来到中国，他回答："中国共产党领导的中国革命对我们的影响是巨大的，我为信仰而来。"1947年春，胡宗南率20万军队对延安发起进攻，历经艰辛斗争后，中国共产党领导的2万人民解放军在一年多的时间就以少胜多，取得了伟大胜利。这让阳早大为震撼，原来这场战争的人数并非两万，而是其背后千千万万的民心所向。他改变了短暂停留在中国的想法，想要为"小米加步枪"神话贡献自己的力量。

1948年，寒春来到中国，与阳早在延安结婚，投身中国革命。在这里，他们有了中文名字阳早和寒春。阳早的中文名来源于死于国民党监狱的进步新闻记者羊枣，中国共产党把与羊枣同音的名字"阳早"给了欧文·恩格斯特，他们作为"解放全人类的世界公民"，在中国养了一辈子的牛。①

那时，延安生活清苦，精神世界却极大丰富，人人平等，为了共同的共产主义目标精神焕发。这样的延安，使琼·辛顿深受感动，她终于找到了自己想要的生活："这里人们生活简朴，人们的想法都是一样的，就是要努力建造一个理想世界，这让我找到了新的信仰。"他们的婚礼很简单，没有婚纱，没有礼堂，就在简陋的窑洞和《团结就是力量》的歌声中完成了结婚仪式。延安时期，共产主义者、国际主义者的幸福，无关物质，彼此共同的追求和信仰成为凝聚两人的同心结。完婚后，阳早和寒春在延安从事农牧业、奶牛饲养、农具革新等技术工作。夫妇两人一起放牛劳作，为改善牛羊品种，他们来到条件更艰苦的陕北和内蒙古交界处，他们没有丝毫不适应，只想着提高牛的产奶量，让中国人喝上牛奶。

阳早、寒春夫妇因为信仰，来到延安，扎根中国。新中国成立后，阳早寒春带着上千头奶牛在西安农场工作十多年，他们改良的奶牛饲料铡草机到现在仍是草滩农场乳品机械厂主要产品之一。1966年阳早、寒春夫妇调往北京，1979年，阳早、寒春兼

① *Zulueta B C*. "Their Day in the Sun: Women of the Manhattan Project", by Ruth H. Howes and Caroline L. Herzenberg[J]. Physics Today, 2000, 53: 59-60.

1

2

1_
阳早、寒春等在延安
2_
寒春和阳早

任中国农机院畜禽机械研究所副所长，三年后，北京市政府授予他们负责的《牛奶管道的自动洗涤与消毒》项目科学技术成果二等奖，此后，他们主持的《奶牛成套设备研究、牛场设计与中间试验》等多个项目取得了良好应用推广。他们采用科学方法，将国内年产奶量从不到 7000 公斤提升至 9088 公斤，让更多中国人喝上了牛奶，他们研制的“直冷式奶罐”，推动了国内奶牛事业的迅速发展。也有人问寒春，是否想重新回到物理学研究领域，她说：“共产主义不需要核武器，但中国人都需要喝上牛奶。”此后余生，他们夫妇默默耕耘，热爱中国，超越国别地为中国的共产主义事业贡献力量。寒春多次谈道：“我到中国来不是为了养牛，是为了我心目中的信仰。”他们的国际主义精神，无关金钱与名利。2003 年，中国农机院授予阳早、寒春“个人贡献奖”，2009 年，阳早、寒春夫妇入选 CCTV 感动中国候选人物。

阳早、寒春夫妇在北京郊区农田

2003年阳早在北京病故，有记者问寒春："是否后悔过，如果留在美国，你过的应该是锦衣玉食的生活。"寒春坚定地回答："我从不后悔，我参与了20世纪最伟大的两件事情——原子弹和中国革命，这就足够了。"2010年寒春因病在北京协和医院逝世，夫妇两人为中国活了一辈子。寒春曾说，"回顾我所走过的路，从小学到研究所的生活，不能说不幸福。但相比站在人民之中，与大家一起改造整个社会，用双手建立一个没有人压迫人、人剥削人、美好而富有的新国家，原来的那种幸福观是多么狭隘啊。有的人改造世界的目的只是为了自己，但这种建立在大多数人痛苦之上的幸福，不是真正的幸福，它终究会被历史所消灭。""无疑，毛主席对我们的影响是巨大的。我们来到中国，不是为了养牛，是为了信仰。"五十多年来，他们艰苦奋斗、坚韧不拔、兢兢业业、实事求是、一丝不苟，用自己的热情智慧，作出突出贡献，为全人类的解放，为共产主义事业而奋斗。他们将毕生精力都献给了中国，留给我们的深深感动，作家魏巍高度称赞阳早和寒春夫妇为"白求恩式的国际主义战士"。也正如寒春说过的："牛奶分类其实只有两种，纯牛奶和非纯牛奶，做人也是一样，要么做一个纯粹的人，要么不是。"阳早、寒春夫妇就是这样"纯粹"的人，有追求，有信仰，他们热爱中国、为中国奉献，是中国人民真正的朋友。

三、爱国主义与国际主义统一于民族解放

1938年，党的六届六中全会报告指出："爱国主义就是国际主义在民族解放战争中的实施。"① 这是毛泽东在抗日战争时期对爱国主义精神作出的马克思主义科学论断，阐明了爱国主义的国际主义属性。无产阶级国际主义要求将国际主义与爱国主义紧密结合，无产阶级国际主义反对剥削、压迫、侵略，推进各国无产阶级为实现本国解放，推进革命建设，各国无产者在实现共

①《毛泽东著作选读》，人民出版社1965年版，第99页。

产主义的斗争中，有着共同的根本利益。资本没有国界，作为一种跨越国别的具有流动性的国际资本，无产阶级遭受的压迫剥削绝不仅限于国内，更是受到国际资产阶级的剥削压迫，各国无产者的联合就是要打破国别限制，相互支持、相互配合，共同推进社会主义、共产主义事业。[1]“我们是爱国主义者，决不容忍中国的民族尊严和民族利益受到任何侵犯。我们是国际主义者，深深懂得中国民族利益的充分体现不能离开全人类的总体利益。我们坚持独立自主的对外政策，同我们履行维护世界和平、促进人类进步的崇高的国际主义义务是一致的。”[2]爱国主义和国际主义是相统一的，毛泽东在《中国共产党在民族战争中的地位》中提出，“国际主义者的共产党员，是否可以同时又是一个爱国主义者呢？我们认为不但是可以的，而且是应该的”。为了更深入地探讨这个问题，毛泽东原著摘编《爱国主义和国际主义》：

国际主义者的共产党员，是否可以同时又是一个爱国主义者呢？我们认为不但是可以的，而且是应该的。爱国主义的具体内容，看在什么样的历史条件之下来决定。有日本侵略者和希特勒的“爱国主义”，有我们的爱国主义。对于日本侵略者和希特勒的所谓“爱国主义”，共产党员是必须坚决地反对的。日本共产党人和德国共产党人都是他们国家的战争的失败主义者。用一切方法使日本侵略者和希特勒的战争归于失败，就是日本人民和德国人民的利益；失败得越彻底，就越好。日本共产党人和德国共产党人都应该这样做，他们也正在这样做。这是因为日本侵略者和希特勒的战争，不但是损害世界人民的，也是损害其本国人民的。中国的情况则不同，中国是被侵略的国家。因此，中国共产党人必须将爱国主义和国际主义结合起来。我们是国际主义者，我们又是爱国主义者，我们的口号是为保卫祖国反对侵略者而战。

①中国社会科学院研究生院、中国人民大学国际政治系合编：《从爱国主义到共产主义》，中国人民大学出版社 1985 年版，第 67 页。

②《中国共产党第十二次全国代表大会文件汇编》，人民出版社 1982 年版，第 52 页。

对于我们，失败主义是罪恶，争取抗日胜利是责无旁贷的。因为只有为着保卫祖国而战才能打败侵略者，使民族得到解放。只有民族得到解放，才有使无产阶级和劳动人民得到解放的可能。中国胜利了，侵略中国的帝国主义者被打倒了，同时也就是帮助了外国的人民。因此，爱国主义就是国际主义在民族解放战争中的实施。为此理由，每一个共产党员必须发挥其全部的积极性，英勇坚决地走上民族解放战争的战场，拿枪口瞄准日本侵略者。为此理由，我们的党从九一八事变开始，就提出了用民族自卫战争反抗日本侵略者的号召；后来又提出了抗日民族统一战线的主张，命令红军改编为抗日的国民革命军开赴前线作战，命令自己的党员站在抗日战争的最前线，为保卫祖国流最后一滴血。这些爱国主义的行动，都是正当的，都正是国际主义在中国的实现，一点也没有违背国际主义。只有政治上糊涂的人，或者别有用心的人，才会瞎说我们做得不对，瞎说我们抛弃了国际主义。

周恩来曾在《救国运动与爱国主义》中写道：我们为救国而打倒军阀，打倒国际帝国主义，但我们心中却不容丝毫忘掉与我们受同样苦痛的全世界无产阶级和弱小民族亦即是全世界的被压迫阶级。并且我们若认清事实，果想将军阀打倒，国际帝国主义打倒，我们也非与全世界被压迫阶级联合一致来打此共同敌人不可。[①] 为庆祝斯大林六十寿辰，毛泽东同志也曾撰文："中华民族和中国人民的解放事业，只有社会主义的国家，社会主义的领袖，社会主义的人民，社会主义的思想家、政治家、劳动者，才能真正援助；而我们的事业，没有他们的援助是不可能取得最后胜利的。"[②]

全国抗战爆发后，中国革命的核心任务发生了变化，毛泽东在中国共产党第六届中央委员会第六次全体会议上就爱国主义与国际主义的关系问题进行了专门论述："中国共产党人必须将爱

①《周恩来年谱（1898—1949）》，中央文献出版社 1989 年版，第 64 页。

②《毛泽东选集》第 2 卷，人民出版社 1991 年版，第 658 页。

国主义和国际主义结合起来。我们是国际主义者，我们又是爱国主义者……因为只有为着保卫祖国而战才能打败侵略者，使民族得到解放。只有民族得到解放，才有使无产阶级和劳动人民得到解放的可能。中国胜利了，侵略中国的帝国主义者被打倒了，同时也就是帮助了外国的人民。因此，爱国主义就是国际主义在民族解放战争中的实施。”

中国革命历程中，爱国主义与国际主义是辩证统一的。这是由无产阶级共同的奋斗目标所决定的,国际主义意味着不以民族、国度、肤色等客观条件为区分的全体无产阶级。全体无产阶级所进行的反帝国主义、资产阶级的运动，不单单是为了自己国家民族的小利益，更是为整个无产阶级的大国际利益。同时，国际主义并非排斥否定民族利益，“国际主义决不意味着取消祖国，决不意味着牺牲祖国。当国家形成的时候，国家就是通向我们正在朝着人类团结道路上前进的第一个同时也是必经的阶段，而由全部当代文明所产生的国际主义则是这条道路上的一个新的阶段，而且是不可避免的阶段。”[①]国际主义要求在尊重各国利益基础上坚持更广泛的整个无产阶级的共同利益，即无产阶级既作为民族的阶级关心国家命运，也作为国际的阶级关心世界无产阶级运动。这种民族利益和国际利益，从根本上来看，是具有一致性的，外在表现为爱国主义和国际主义的统一。

①《马克思恩格斯全集》第 39 卷，人民出版社 1974 年版，第 519—520 页。

第五章 延安时期青年学生的爱国主义教育

1935 年 10 月 19 日，中共中央率领中央红军长征到达陕北吴起镇，落脚到刘志丹、谢子长、习仲勋、高岗等人创建的陕甘革命根据地。1937 年，全面抗战爆发后，延安成了中国共产党领导中国革命的政治指导中心和中国人民解放斗争的总后方，也成了爱国青年心向往之的革命之都，充满了理想主义的浪漫风情和革命魅力，吸引着全世界的目光。延安十三年既是中国革命事业走向燎原之势的十三年，也是青年爱国运动蓬勃发展的十三年。彼时，“万重山，难又险，仰望圣地上青天。延安路上人如潮，青年男女浪涛涛”，大批有志青年不辞辛劳，克服千难万险，越过千山万水，从全国各地潮水般涌向延安。在内忧外患的国内局势和波谲云诡的世界潮流面前，青年们迫切需要在这里找寻到实现国家独立和个人自由的制胜法宝，既为国家寻求一条救亡图存的道路，也期待能够为自己安身立命。毛泽东对当时的青年爱国运动是这样评价的：“延安的青年运动是全国青年运动的模范。延安的青年运动的方向，就是全国的青年运动的方向。”①

一、一代青年的心声

延安的城门成天开着，成天有从各个方向走来的青年，背着行李，燃烧着希望，走进这城门。学习。歌唱。过着紧张的快活的日子。然后一群一群地，穿着军服，燃烧着热情，走散到各个方向去。

1938 年年底，诗人何其芳写下《我歌唱延安》这首脍炙人口的诗篇，此时的何其芳刚到延安还不到三个月。在《从成都到延安》一文中，何其芳详细记载了 1938 年 8 月出发来延安的 18 天旅程。全程由成都起，经梓潼、广元到达陕西宁强，越过秦岭经宝鸡、西安，最终抵达延安。这是一条崎岖而漫长的路，按照何其芳的计算，总路程将近三千华里。

①《毛泽东选集》第 2 卷，人民出版社 1991 年版，第 568 页。

红军到达陕北后集会，誓师抗日

何其芳跋山涉水的经历还只是奔赴延安青年大军中的普通个案。据统计，延安十三年，共有4万余名青年进入延安革命根据地，其中大多数为文化程度较高的知识分子。在这些青年中，学历在高中以上的占19%，高中占21%，初中占31%，学历在初中以下的占30%左右。他们都背景各异，出身迥然，天南海北，各行各业，其中既不乏一些高学历的留洋博士，如陈学昭、何穆等人，还有的已经是蜚声学界的青年才俊和行业翘楚，如哲学界的艾思奇、文学界的丁玲，以及音乐界的冼星海等等。当时流行一句话："打断骨头连着筋，扒了皮肉还有心，只要还有一口气，爬也要爬到延安城。"这可谓反映了一代爱国青年朝圣般的意志和心声。他们的到来既为延安带来了知识、科学和文明，也为革命注入了新鲜的血液和养分。

值得思考的是，当时的延安与国统区相比，生活条件恶劣、物资匮乏，远远谈不上有什么值得青年人留恋的东西，那么延安对青年人的魅力究竟何在，是什么东西吸引着他们义无反顾地奔赴这座荒凉小城？

抗战时期的延安

（一）“青年学生是政治上最敏感的群体”

作为较早奔赴延安的大学生，黄华奔赴延安的初心代表一代青年的心声。

1931年，19岁的河北青年黄华在锦州东北交通大学由预科升入本科，而此时却发生了日军侵占东北的九一八事变，东北迅速被日军占领。黄华回忆道，“我们交大的学生，每天看着东北军官兵乘一列列火车经锦州开往山海关，痛心疾首，愤懑已极。”[①]面对东北军的无所作为，黄华和他的同学们虽然感到屈辱和不平，却无计可施，只能随着大部分同学搭车退到北平，报考燕京大学，继续求学。然而，好景不长，刚刚过了一学期，1933年1月，日寇在侵占东北后，又占领了山海关，打开了进入华北的门户，至此，永无宁日，退无可退，华北已安放不下一张平静的书桌。

黄华说：“在半封建半殖民地的中国，知识分子，尤其是青年学生，是政治上最敏感的群体。我熟悉的年轻人中有许多东北人。他们背井离乡，深受漂泊流浪之痛苦，反对国民党的不抵抗政策，要求打回老家去的情绪非常强烈[②]。”在这种绝望情绪的催迫下，燕大的进步学生发起了抗日救国会，黄华参加并最终当选为校学生会执行委员会主席。1935年，他直接参与领导了“一二·九”运动，运动遭国民党当局的压制，他和其他几个学生领袖同时被捕，一星期后才在几所大学校长出面的联合保释下被释放。华北步步沦陷，国民党军队节节败退，值此民族存亡之秋，青年们虽抗日意志坚决却苦于无处施展。而正在此时，红军长征后到达陕北的消息如暗夜中的启明星，引起了爱国青年们的普遍关注，他们相互传递着中共发表在法国中文版《巴黎救国时报》上的《八一宣言》，宣言号召停止内战，一致对外，建立抗日民族统一战线。包括黄华在内的大部分爱国青年都深受触动，意识到中共抗日的决心和勇气，也关注到中共的所作所为。1936年6月，黄华放弃毕业考试，也放弃即将到手的文凭，经由地下

① 黄华：《亲历与见闻——黄华回忆录》，世界知识出版社2007年版，第2页。

② 黄华：《亲历与见闻——黄华回忆录》，世界知识出版社2007年版，第3页。

1

2

1_
爱国青年奔赴延安
2_
爱国青年奔赴延安

党的安排，接受燕京大学新闻系讲师埃德加·斯诺的邀请，只身来到西安，与斯诺会合后，陪同他来到陕北一道采访红军。最终留在了延安革命队伍中，成为抗日战争时期奔赴延安的第一个青年大学生。

（二）“祖国啊，就剩下这一块净土了！”

在从祖国各地奔赴延安的漫漫长途中，青年们除了要克服家庭的桎梏，通过国民党的重重政治关卡外，还要面对水源稀少，野狼出没的恶劣自然环境。但是，即便如此，也没能阻止爱国青年走上这条用义无反顾的汗水、鲜血乃至生命踏出来的信仰之路。在青年们心中，延安是自由之地，是信仰之地，是身心安放之所，是青年们心中祖国的最后一块净土。

有一位叫吴醒柏的新加坡华侨青年，身为家中独子且家境殷实，但在全面抗战爆发后，决心回国参加抗战。面对家里百般阻挠，他先是偷跑到香港。其父得知此事后乘专机追到香港，但吴醒柏毅然拒绝了父亲的劝返，由南向北一路奔波来到西安八路军办事处，和五六十个青年一起步行到延安。到达延安时，他深情地跪在这片热土上捧起一把黄土，紧贴在自己的胸口上，动情地说：“祖国啊，就剩下这一块净土了！”

（三）“我要爱国，必须从此全身心跟着共产党”

20世纪30年代，埃德加·斯诺的《西行漫记》（Red Star Over China）以及范长江的《西北近影》《陕北之行》等有关中国共产党的纪实作品在知识青年群体中广受传阅，使得深入群众扎根基层的中国共产党为世人所知，大部分迷茫无助，在白色恐怖下沉重呼吸的青年正是受这些作品的影响而怀着朴素的爱国热情来到延安的。如毛泽东对延安所自信的一样，“延安的确不好，树木很少，经费不足；但是延安有民主政治，有政治自由。”[①]自由的气息，对于饱受精神摧残的青年而言至为关键。

正如最后选择背叛家庭，奔赴延安投身革命的爱国青年韦君宜回忆的：“最简单的一点爱国心使我对国民党政府产生了反

①《毛泽东文集》第2卷，人民出版社1993年版，第192页。

感。”“愚蠢的日本帝国主义和国民党政府，共同把我这样的青年推到了共产党的旗帜之下。”“我明白了，我要爱国，必须从此全身心跟着共产党。我觉得共产党这么不顾一切苦干，看来是真的能够为人民、为祖国而牺牲一切，这是值得我一生永远跟着它走的。”[①]

归根到底，青年学生和知识分子选择延安绝大多数是为了抗日救亡，一方面是对国民党政府面对日本侵略者表现出的不抵抗和软弱无能的厌弃和愤慨；另一方面则是出于对中国共产党抗日救亡政治主张的认可和响应。延安之所以吸引他们的根本就在于，基于对国共两党面对抗战态度的强烈对比，他们更加赞同中国共产党的政治主张和实际行动。所以，当时即便国民党曾试图以三青团争夺青年对他们的认同，但青年们依然义无反顾地选择走向延安。“到延安去”是时代最响亮的口号和呼声。

（四）“谁抢到了知识分子，谁就抢到了天下”

西安八路军办事处在爱国青年奔赴延安的过程中，起到了堡垒和桥梁的作用。仅 1937 年到 1938 年一年间，它就向延安输送了 2 万余名青年。办事处的负责人伍云甫经常会亲自坐在门口接待。从西安到延安的八百里路程需要徒步 14 天才能到达。到延安后，延安交际处负责接待爱国青年，这里安排食宿，造册登记，然后大多数人被安排进各类院校和培训班。这些爱国知识青年的到来不仅为党储备了宝贵的人才，而且为改变中国共产党对垒国民党的形势，改变国内政治格局奠定了坚实的基础。“谁抢到了知识分子，谁就抢到了天下。”[②]陈云如是概括。对这些奔赴延安的知识青年，毛泽东本人“每到一百多人，都要亲自接见，并与他们亲切交谈”。可见党中央对这些知识青年的高度重视。

毛泽东在 1944 年有一个说法：“我们都是来自五湖四海，为了这一个革命的共同目标，走到一起来了。但我们还要和全中国大多数人民走这一条路。”这个说法表达了延安时期青年的普

① 韦君宜：《思痛录》，十月文艺出版社 1998 年版，第 2 页。

② 陈云：《陈云文选》（第 1 卷），人民出版社 1995 年版，第 181 页。

陕北公学教员合影

遍特点，尽管每个人背景不同，来历各异，但只要目标统一，志向一致，只要是为了革命这样一个共同的任务，就是能够团结一心投身革命的“同志”。

“同志”一词，是日本人在翻译“comrade”一词时借助汉字转译而来。同志这一称呼在中国的产生和流行，伴随的是新型政党政治在中国的兴起过程，因而同志为国共两党约定俗成为党内成员相互之间的称谓。同志关系建立在共同的志向和初心、使命之上，意味着对传统血缘、地缘等基于私人关系的宗法等级关系的超越和克服，在由同志构成的党派之内，除了同志之间的友爱关系，不存在其他私人关系，这种无等差的友爱、团结将人人平等作为其伦理基础。在延安时期，“同志”一词开始被大量使用。在延安热烈的革命氛围和同志式的情感之中，青年们完成了一次伟大的转变，他们从孤独、书本和个人主义的甲壳中破茧而出，将个体完全投入集体之中，在这个集体中，每个人都不再是为了自己，而是为了一个更伟大、更长久的事业——民族的自由和解放。正如诗人何其芳所言，“（我）像一个小齿轮在一个巨大的机械里和其他无数的齿轮一样快活地规律地旋转着，旋转着。我已经消失在它们里面。”[①]

延安中国女子大学学员在延河边跳集体舞

① 何其芳：《一个平常的故事——答中国青年社的问题：“你怎样会来到延安的？”》。

毛泽东在《团结一切抗日力量，反对反共顽固派》的讲演中说："陕甘宁边区是全国最进步的地方，这里是民主的抗日根据地。""民主"和"进步"，正是延安的魅力所在。延安时期的生活具有战时共产主义社会的特征，政府采取各种手段，确保大家在革命圣地都能温饱，且保证平等。"有饭大家吃，有吃大家饱。"这句流行语是奔赴延安的青年对延安最新鲜直白的感受。一个革命同志的衣食住行悉数都有集体安排供给，除此之外还有少量津贴和生活必需品，正是这种平均主义的战时分配制度除了给同志们带来基本的生活满足之外，也让每个人都对未来有一种憧憬和想象。丁玲曾这样描绘延安："这是什么地方，这是乐园。我们才到这里半年，说不上伟大建设，但街衢清洁，植满槐桑；没有乞丐，也没有卖笑的女郎；不见烟馆，找不到赌场。百事乐业，耕者有田。八小时工作，有各种保险。那些跹蹀在街头的漂亮的工人装，全来自武汉、西安、沪上。四面八方来了学生几千，活泼、聪明，全是黄帝的优秀子孙。"道破了延安之所以吸引知识青年的原因。

二、毛泽东送给陕北公学的两件"礼物"

1937年8月，中共中央政治局创办陕北公学。1938年4月1日，陕北公学举行第二期开学典礼，在典礼的讲话中毛泽东给陕北公学送了两件令在座青年学生难忘的礼物。毛泽东讲道："今天陕公开学，我应当送点礼物。但是，我没有多少东西，只能送你们两件礼物。第一件，是坚定不移的政治方向。第二件，是艰苦奋斗的工作作风。"他还说，这两件礼物"我想是有用处的，只要我们有一个一致的政治方向，有艰苦奋斗的工作作风，而且坚持这一方向和作风，就可能把全国人民团结起来，就能战胜日本帝国主义。"共产党人办高等教育的目的正在于培养青年学子坚定的政治方向和艰苦奋斗的工作作风，在于培养一心一意为中国人民谋幸福，为中华民族谋复兴的社会主义新人。

（一）教育青年学生坚定抗日救国的政治方向

毛泽东在抗大第四期第三大队开学典礼上的讲话《在抗大应当学习什么？》（1938 年 4 月 9 日）中也开宗明义地指出了抗大办学的宗旨："不是为了自己，而是为了全国四万万五千万同胞；不是为了自己的家，而是为了四万万五千万同胞的家，牺牲一切。所以第一个决心是要牺牲升官；第二个决心是要牺牲发财；第三更要下一个牺牲自己生命的最后决心！"

这些受过教育的延安青年们积极拥军、爱军，踊跃参军到战争一线开展游击战。这些学校也非常重视国防教育，认为学校的教育目的和教育方针应该完全服务和适应于争取抗战胜利的需要，学校为抗战培养既有学问同时也有勇气的人。学习也并非盲目地学习，而要追问学习的意义和目的，是为着什么样的理想学习，否则学习无意义。把失业青年组织起来开展国防教育，或是补充军队和或是发展生产，总之，要用正确的思想引导青年，并把青年放在抗战中的合适位置上。广大青年在安吴青训班、抗大等院校毕业后，直接开赴敌后和前线，为中国革命流血牺牲。当教育青年在日寇侵华的境况下，民族危亡要大于对个人自由的追求，引导青年思考我们要建立一个怎样的国家，是一个仰人鼻息的国家，还是独立自由的国家，个人理想实现的前提是国家的独立解放。毛泽东就曾这样夸赞诀别国统区到陕北苏区著名作家丁玲："昨天文小姐，今日武将军。"

（二）引导青年学生脱下西装、穿上军装，坚持艰苦奋斗的工作作风

爱国青年到达延安后，发现这里与他们以前的生活环境完全是两个世界，小到饮食，大到环境，这里的一切对他们是一个严峻挑战。他们需要改造以前的种种，重新确立起生活的信念。

后来成为印度尼西亚共产党领导人之一的阿里阿罕，在延安期间任英语教员，也为中国共产党在延安创办的对外宣传刊物《中国通讯》撰稿，介绍中国共产党的政治主张、抗战事迹等。他曾盛赞中国共产党人在延安那样艰苦的生活条件下仍能刻苦学习的

1

2

1_

毛泽东为学员讲课

2_

延安的中国抗日军政大学

精神："共产党真了不起，吃的小米饭，啃的《资本论》。"爱国不是一时冲动，而是在不断学习中克服困难，共产党人首先号召远道而来的青年们要学会埋头苦干。"什么是埋头苦干呢？一般来说，埋头苦干就是抱住一个正确的方针与对准一个确定的目的，不求名利，不怕麻烦，脚踏实地，有计划，有步骤的去做，不实现这个方针，不达到这个目的，绝不停止"①。正是在这种大环境下，一心支援革命，秉持抗日救国信念的他们，无论何种背景，都自愿脱下西装皮鞋，扔掉高跟鞋，穿上粗布的八路军军装，做好吃苦耐劳的准备，克服种种非无产阶级思想，深植艰苦奋斗的精神。他们挖窑洞建宿舍，露天上课。没有会议室就蹲在地上开会。没有纸张，桦树皮就是免费的纸张，剥下来一层就能写字。有时候干脆就在地上或沙盘上写字。没有钟表，就用最原始的石日晷计时。无论条件多么艰苦，都阻挡不了学习政治、军事、文化、科学技术知识的热情。

艰苦的环境锻造了爱国青年们坚定的革命意志和矢志不渝的革命情怀。他们从延安获得革命的思想武器，然后纷纷走上救国救民的战场。他们当中大多数人的初心就是走上抗日前线，参与对敌斗争。据统计，仅抗大从1936年到1945年的9年办学期就培养了10万余名政治和军事人才，他们当中有些则直接补充到八路军、新四军的队伍中，为中国革命事业而奋斗甚至不惜贡献出宝贵生命。

当时很多青年不愿意留在边区，都想去前线直接抗战。毛泽东亲自做思想工作，告诉他们说，你们都是老母鸡，是抱鸡娃的，你们留在边区作的贡献不比上前线小。于是，有些人在号召下留在了边区，这些留在边区的青年，直接参与了整风运动和大生产运动，有的当了学校的专职教员，为革命培育了更多青年力量，有的走向了敌后，到群众中访贫问苦，进行积极的抗日宣传动员，为党密切联系群众架起了一座座桥梁。还有的人打入国民党内部，在隐蔽的战线上工作。如张露萍，她于1939年受中

① 陈昌浩：《谈谈青年的埋头苦干》，《中国青年》1939年第1卷（3）：1。

在延安接受训练的青少年们

央社会部委派到重庆，进入南方局军事组，其间多次出色地完成了党组织交代的各种任务。遗憾的是1940年，她因身份暴露被捕，尽管国民党特务对她用尽酷刑，最终也没能从她口中得到我党的任何机密。1945年，年仅24岁的她被国民党特务杀害。

三、激励青年学生练好抗日救国的本领

蜂拥而来的青年，凭的是抗日救国的一腔热血。但仅有热情

是远远不够的。为了让青年学生尽快成长成才，中国共产党在思想和行动上都早有准备，激励青年学生通过社会学习和书本学习苦练抗日救国的本领。

（一）上好“劳动大学”，走与工农结合的道路

1945 年，24 岁的毛岸英在苏联留学 8 年后回到延安。毛泽东找他谈话时着意交代说虽然你在苏联大学毕业了，但你学到的只是书本上的知识，你还没有上过中国的“劳动大学”，对中国的情况了解得很少，缺乏实践，你应该到农村去，拜农民为师，上中国的“劳动大学”，还专门嘱咐他，一定要自带行李、口粮和种子，和农民同吃同住同劳动。毛岸英随即愉快地前往吴家枣

毛泽东与毛岸英在延安

园，参加农业生产。同年秋天，毛岸英再次回到延安，毛泽东满意地摸着他长满老茧的双手，夸奖道，这就是你“劳动大学”的毕业证。①

让每个青年都能上“劳动大学”这是中国共产党人的坚持。因为只有在人民群众之中，与人民群众一道，才能真正实现中国革命的目标。“青年们一定要知道，只有动员占全国人口百分之九十的工农大众，才能战胜帝国主义，才能战胜封建主义。现在我们要达到战胜日本建立新中国的目的，不动员全国的工农大众，是不可能的。”②毛泽东在这篇著名的演讲中号召知识青年和学生青年要到工农群众中去，要把占全国人口百分之九十的工农大众动员组织起来，尤其是要与广大工农群众结合在一起，与他们变为一体。

1939年，毛泽东在《五四运动》《青年运动的方向》《一二·九运动的伟大意义》等文章中，都号召青年要到工农群众中去。领导群众的人，依然是群众中的一分子，来自群众，为了群众，不能自我标榜，而是要积极向群众学习。“没有工作没有斗争，只有一点从共产主义小册子和书籍里面所得的关于共产主义的呆板知识，是一文钱也不值的，因为理论与现实是分离的”③。在延安这个革命熔炉中，广大青年逐步成长为具有坚定理想和革命意志的无产阶级战士。

（二）向书本学习，坚持政治素养与业务能力相统一

1938年9月，时任中共中央组织部部长的陈云在抗日军政大学的演讲中特别指出要重视青年干部的培养，用结合干部的成长历史来考察，用历史的全面的眼光看待他们。针对大部分青年马列理论修养和实际斗争经验不足，思想状况复杂，政治上不够成熟的情况，中央青委于1938年5月在杨家岭成立，陈云兼书记，冯文彬任副书记。在延安九年间，中央青委紧密配合党的中

① 参见李向前主编《毛泽东在延安》，中央文献出版社2012年版，第275页。

②《毛泽东选集》第2卷，人民出版社1991年版，第567页。

③ 冯文彬：《论青年的学习》，《中国青年》1939年第2卷（4）：12。

心任务，在培训青年干部，组织青年抗战，发展青年运动，参与根据地建设等方面发挥了举足轻重的作用。为此，党中央在延安先后创办了中国人民抗日军政大学、陕北公学、鲁迅艺术学院等30多所高等学府，这些学校面向全国招生，各地青年踊跃报名，知识青年纷纷进入学校学习，整座山城俨然成为教育繁荣文化兴盛的所在。

冯文彬发表于《中国青年》的《论青年的学习》一文中，对当时延安青年应该学习什么作了细致的介绍："第一是要学习抗战的军事知识，为抗战贮备军事人才；第二是要学习政治，学习进步的革命科学抗日民族统一战线和真正的三民主义，培养青年正确的政治观；第三是要学习文化，从认字到自然科学、艺术文化等等，多多益善，提高青年的知识文化水平；第四是要学习技术，要有一技之长，如发无线电报、开汽车、做工、种田、做饭等。"[①]同时致力于发展青年教育学习运动，扫除文盲，提高青年的文化修养和思想政治水平；同时高度关注青年的身心成长，救济失业青年，改善青年生活，提升青年的工作积极性和政治觉悟，帮助青年们树立爱党爱国的热情。通过这些教育策略，大部分未经受完整教育的青年实现再教育，从而有益于革命。

四、动员青年学生投身抗日救国实践

爱国主义的精神及其力量，只能靠切实的行动去彰显，特别是对于满腔热血、一心杀敌报国的青年学生，动员和组织他们人尽其才地投身抗日救国实践，尤为重要。

（一）办刊办报，积极开展政治思想宣传工作

中国共产党领导的陕甘宁边区办刊办报，积极开展政治思想宣传工作，吸引大批知识青年来到延安，在军事教育方面开展青年半武装，壮大游击力量，边区青年的抗战热情受到极大鼓舞。

《中国青年》于1923年创刊，先后由恽代英、萧楚女担任

① 冯文彬：《论青年的学习》，《中国青年》1939年第2卷（4）：9。

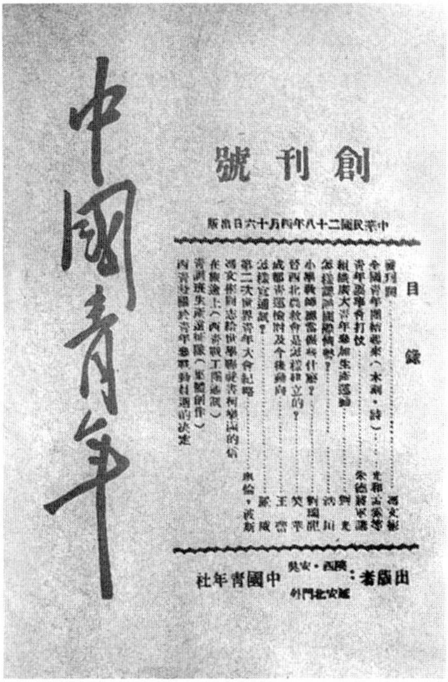

《中国青年》创刊号

主编，作为中国共产党创办的最早的中国社会主义青年团的机关刊物，肩负着为“革命的青年作革命的指导”的使命，1927 年被迫停刊后，于 1939 年 4 月在延安又重新复刊，由胡乔木担任主编。作为抗日根据地内最大的青年刊物，《中国青年》对宣传抗日，激发青年抗战热情，动员青年抗战斗志，促进青年抗日民族统一战线的形成具有重要意义。

《中国青年》在其复刊词中曾提出办刊的宗旨：“一、动员青年参加抗战，宣传青年，组织青年，参加军队，服兵役，参加生产，参加战争各方面的工作。发扬青年的模范带头作用，造成青年参战潮流。二、在坚持抗战、坚持统一战线的任务下，促进全国青年统一战线的建立和发展，在抗战中使全国青年不分党派、性别、职业、信仰的亲密团结，努力推进民主政治，抨击一切破坏团结，曲解统一的行动和言论，以促进全国统一的青年组织之实现。三、发挥中国劳动青年坚毅勇为、牺牲奋斗的伟大精神与光荣传统，发挥各进步青年团体的优良作风，特别是边区战区敌后方以及军队里青年运动的宝贵经验，使全国青年运动迅速展开与进步。四、青年的任务学习。我们要以进步的社会科学、革命的三民主义、国际主义精神来教育青年，要以革命领袖与先进长辈的嘉言懿行来做我们的楷模。五、中国青年在抗战中作下了许多艰苦卓绝可歌可泣的事迹，在民族史上，在人类史上写下了千古不朽的篇章，我们要表扬那些光荣的模范，拿这些近在眼前的榜样来鼓励全国青年的进步，并给全世界青年弟兄作参效。”①

《中国青年》先后刊发了《严重注意投降妥协的言论》《坚决反对汪逆卖国密谋》《反汪运动中应注意的问题》等文章。《中国青年》告诫青年：“日寇与奸细的阴谋的暴露，同样说明了我们一定要坚持持久的抗战，说明了全国上下要亲密地团结起来。”②提醒青年，日本帝国主义、汉奸以及国内的投降派都是需要反对的敌人，“对敌人宽容就是对自己残忍”。

（二）深入农村，加强城乡青年的抗战联系

五四运动以来，中国的青年运动主要集中在青年学生和青年工人队伍，广大的农村青年并没有被真正动员起来，或者说，占中国青年多数的农村青年的革命积极性并没有被广泛地调动和组织起来，而能否解决占青年大多数的农村青年的无组织现象是中国革命能否成功的重要前提。

---

①冯文彬：《发刊词》，《中国青年》1939年第1卷（1）：2。

②《坚决反对汪逆卖国密谋》，《中国青年》1940年第2卷（4）：23。

抗战时期的民兵

以毛泽东为代表的中国共产党人，很早就已认识到农村和农民在中国革命中的地位和作用，认识到在半殖民地半封建中国的国情下，必须深入农村，组织农村青年，宣扬革命纲领。到了延安时期，面对空前深重的民族危难，共产党人更加意识到要造就一批具备政治性和组织性的农村青年队伍，形成城乡—学工平衡发展的青年统一战线力量，这对抗战胜利和民族独立、革命胜利至关重要，甚至是关系中国革命成败的决定性的因素。

抗战时期，中国共产党人对深入农村，争取农村青年参与抗战，加入革命的政治动员更加广泛、彻底和自觉。中国共产主义青年团组织正是在彼时转变成为抗日救国的青年团体，与全国各阶级抗战青年建立了广泛的联系和团体合作。

中国共产主义青年团号召接受革命思想的爱国青年深入农村，要求这些青年积极主动地了解村民的文化水平，了解村里的阶级关系和具体关系，并且利用多种关系宣传抗日救亡，或利用农村的庙会集会和农村青年在一起，不拘形式地漫谈，了解他们的实际困难，从他们最切身的问题谈到国家民族，在说话的态度上力求和蔼可亲，诚恳切实，用他们熟识的话语，不拘一格地谈话、引导、交心，要求在谈话内容上的深浅和时间的长短，都要根据对象适当选择，不能强行灌输，要力争引导、教育，激发出他们革命的积极性和主动性。同时，对这些教育青年的工作者在开展工作时也作出了详尽的规定和要求：如应该穿老百姓的服装，说老百姓能听懂的话，不掉书袋，少用名词和生僻词，并且要做到起居饮食都和他们在一起，不能有表现出讨厌他们和不尊重他们生活习惯的言语和行为，特别是要求党的青年工作要着意帮助农村青年解决生活实际问题，认为这才是争取群众信仰的最有效办法。正因如此，延安时期，在各个革命根据地，农村青年的爱国意识高涨，参与抗战的热忱得到调动和激发，共产党人的革命宗旨以及共产党人所开展的革命事业得到农村青年的逐步了解和深度认可，为抗日战争的全面胜利和后来摧枯拉朽的解放战争胜利打下了坚实的群众基础和战力储备。

（三）提倡义务劳动，动员青年工人用生产支持抗战

抗战时期的青年工人爱厂如家，无论是讲政治还是学技术，都表现出高昂的精神风貌。在工厂，“工人参加生产都是自觉的，而且过着和前线作战的弟兄同样的战斗的生活，所以劳动的热忱非常高”①。工人无须管理人员的监督和管理，劳动热情高涨，

①《陕甘宁边区战时工厂集体合同暂行准则》（1940年11月1日），《中国工人》（延安）第11期（1940年12月1日）。

他们过着和前线作战的同胞同样的战斗生活。为了支援抗战，他们主动增加工时，要求削减工资。1940 年 9 月，八路军印刷所全体职工发出倡议，“为了争取抗战最后胜利，建立新民主主义的新中国，自动要求政府每天在六小时工作时的基础上增加一小时的义务工，星期六工作时间也由六小时，改为八小时。”《中国工人》杂志对此予以充分肯定：“由于边区工人生活于最进步的真正为广大民众所共有的新民主主义政权下，获得了民主自由，获得了生活改善，才能够发挥抗战力量与劳动热忱，才能够自发自觉地积极参加各部分的生产劳动，才能够对于政府的经济建设更加关心和爱护，才能提高自己的觉悟程度。”①

边区劳模赵占魁是在延安时期涌现出来的典型。他出身贫苦，来到延安求生活，却没想到连自己名字都不会写的他，在这里不仅不花钱还管吃管住，还先后进入安吴堡训练班、抗大职工大队和工人学校学习，在学校他学会了文化知识。他情真意切地说：“什么人待咱这么亲热过？这共产党的首长，真像俺的亲娘一样呀！”②赵占魁被分配在边区农具厂，总是在起床钟敲响之前就起来上工，下工后坚持在厂里转一圈，看看有没有没摆放好的工具，有就收拾起来。遇到不好的天气，则一定会把工友们叫起来，带头把工具、成品放在能避雨的地方，以免受损。他不计较工资，很少请假，甚至有病也不休息，说：“在外面做活，费死了劲还时常饿肚子，咱们这里就是自由痛快，遇事大家商量，工人可以随便找厂长谈问题，有吃有穿，还要那么多的钱干啥呢？”他在平凡的岗位上支援抗战，为巩固大后方作出贡献。赵占魁只是一个典型，他的背后还有千千万万的无名者，他们为抗战坚持不懈，直到最后胜利。

当时有一首在工人中流传的歌谣，“我们的生活好似一株鲜花，在民主政府的滋润下……我们要发展全国的民主，让鲜花开遍了中华。……生活好像一支奔流，在全国抗战的浪潮里……我

①《边区工人劳动热忱的高度发扬》，《中国工人》（延安）第 9 期（1940 年 10 月 1 日）。

②《边区工人的旗帜赵占魁》，《解放日报》（延安）1944 年 3 月 26 日。

1

2

1_
延安青年工人
2_
陕甘宁边区部分劳动英雄合影

们要坚持全国的抗战到胜利的明天……”①青年工人们在自由自觉的工作中找到了道德尊严，也找到了政治尊严和民族尊严。

（四）成立西北青年救国联合会，推动形成青年抗日统一战线

1937年4月西北青年联合救国会（简称“青救会”）在延安成立，领导全国进步青年进行抗日救亡斗争。到了1937年的下半年，青年救国组织普遍建立起来，尤其是晋东南等县都建立了青年救国武装。其组成已经由知识分子发展为，包括青年妇女、青年工人、青年农民在内。1939年3月，晋东南青救会会员总数已达15万人，其中青年农民占总人数的80%。西北青年救国联合会是西北组织最广泛、基础最雄厚、历史最悠久的青年团体，也是中国青年统一战线的最先发起者。

西北青年救国联合会在其成立两周年纪念时曾如此动员青年参战：“一是不分党派，不分阶级，不分信仰，不分性别，在抗日救国的目标下，全国青年大联合。二是放弃党派成见，放弃互相攻击，全国各地的青年组织互相合作，产生全国及各地的青年统一战线。三是在民主原则下意见取决大多数，领导机关由大多数人的选举产生。四是由各处青年互相推举代表，召开全国青年救国代表大会，决定抗日救国的共同纲领。五是争取青年生活上经济上政治上一切改善。”②

西北青年联合救国会的工作方针和主要任务是扩大和巩固青救会组织，动员和团结青年参加抗日军队和抗日工作。青救会积极组织青年自卫队，经过演习和训练后送入军队之中，鼓励他们积极入伍，保家卫国。但免不了也会有一些逃兵，而对待这些逃兵，青救会不会单方面地责备或惩罚，而是和颜悦色地征询他们的实际困难，如“前线的仗打得怎么样？什么时候归队？我们一定欢送你”，并且积极有针对性地帮扶，如为他们募捐，优待

①《边区工人吟》，见《陕甘宁边区第一次工人代表大会开幕》通讯报道，《新中华报》（延安）1938年4月20日。

②冯文彬：《西青救两周年》，《中国青年》1939年第1卷（2）：27—28。

西北青年救国联合会第一届执行委员会全体委员在延安合影

1

2

1_
1938 年毛泽东为西北
青年救国联合会题词
2_
西北青年救国联合会
学员们在唱救亡歌曲

那些入伍的青年家属，关注家属的生活，甚至帮他们挑水、打柴、扫地，送生活用品。那些逃回来的青年就不好意思说自己是跑回来的，过几天就会被再次欢送入伍。[1]青救会的青年在拆城、毁路、运输、送信、引路、放哨等方面发挥了重要作用，尤其是在保卫边区、保卫华北的斗争中起了很大作用。据统计，在直接参战的晋察冀军区军队中，青年占二分之一以上。

青救会在敌后配合我军作战，成果丰硕。陈昌浩在《谈谈青年的埋头苦干》一文中写道，仅陕甘宁边区及延安的青年，经过抗战动员到达前线的就有数万人之多。陕甘宁边区于 1937 年 10 月创办战时青年训练班，受训练和分配工作的青年有上万人之多，又于 1937 年底 1938 年初组织地方工作团和剧团，协助军队政府

山西青年抗敌决死队

① 高棠：《晋东南的青年运动》，《中国青年》1939 年第 1 卷（7）：21。

民众团体，进行各种抗战工作，还组织慰问团慰劳前线将士，深受前线战士的欢迎。

青救会对敌后抗日贡献巨大。曲沃沦陷以后，青救会员在城里佯言说十五军要来攻城，敌人彻夜防御，连着三次十五军都没有来，敌人便松懈下来，于是青救会的秘密小组领着十五军来攻城。这次战斗敌人损失惨重，我方取得很大的胜利。又如一个忠实于敌人的县长，被青救成员散布传言说他与国军秘密联络，敌人不但不信任县长，反而把他监视起来。①

抗日根据地的青年们怀着远大的政治抱负和鲜明的政治立场，既为改善他们自身的生活，也为民族独立和人民的自由解放事业而积极投入抗战的事业之中。

五、延安时期青年学生爱国主义教育的显著特点

延安时期的青年学生，在战乱的年代，将个人命运与国家的命运紧密相连，同时也将个人的作为与国家的进步发展密切相连。为革命的成功、新中国的诞生和建设贡献了一生，他们的事迹是今天青年们成长成才的宝贵精神财富。延安时期青年学生的爱国主义运动不但在当时是全中国的模范，对今天青年如何爱国，以及党如何做青年工作，都是值得深入学习和体会的典型和模范。简而言之，延安时期青年爱国主义运动的意义包括以下几个方面。

（一）开辟知识分子与工农相结合的新道路

青年学生有满腔的爱国热忱和爱国意愿，但如何将青年运动引导到合理的方向是革命建设的关键所在。“共产党从诞生之日起，就是同青年学生、知识分子结合在一起；同样，青年学生、知识分子也只有跟共产党在一起，才能走上正确的道路。”②延安时期青年的爱国主义成功的法宝正在于实现了政治方向和工作方法的有效统一。

① 高棠：《晋东南的青年运动》，《中国青年》1939 年第 1 卷（7）：21。

②《毛泽东文集》第 2 卷，人民出版社 1993 年版，第 256 页。

1

1_
毛泽东在中国人民抗日军政大学作报告
2_
来到延安的青年学生在学习

2

从政治方向而言，爱国青年们坚定地站在中国共产党领导的抗日民族统一战线一边，坚定地将社会主义、共产主义当作国家的奋斗目标，坚定地拥护马克思主义，推动将马克思主义的真精神中国化、大众化。从方法上而言，更加可贵的是，在中国共产党的引导和教育下，他们走出了知识和劳动相结合，知识分子和工农群众相结合的新道路。“延安的青年们不但本身团结，而且和工农群众相结合”“他们在学习革命的理论，研究抗日救国的道理和方法。他们在实行生产运动，开发了千亩万亩的荒地。”①

以此，他们不仅满腔热忱，并且将这种热忱投入真实而广阔的社会领域，并且产生了丰硕的成果，第一次通过知识真正地发动人民，与人民水乳交融，一道真切地改变中国积贫积弱的命运。宣告了国民党仅仅通过发动少数拿腔拿调缺乏现实感的“知识分子”改变中国之计划的破产和失败。“看一个青年是不是革命的，拿什么做标准呢？拿什么去判别他呢？只有一个标准，这就是看他愿意不愿意、并且实行不实行和广大的工农群众结合在一块。愿意并且实行和工农结合的，是革命的，否则就是不革命的，或者是反革命的。”②

正如毛泽东主席所总结的：“中国古代在圣人那里读书的青年们，不但没有学过革命的理论，而且不实行劳动。现在全国广大地方的学校，革命理论不多，生产运动也不讲。只有我们延安和各敌后抗日根据地的青年们根本不同，他们真是抗日救国的先锋，因为他们的政治方向是正确的，工作方法也是正确的。所以我说，延安的青年运动是全国青年运动的模范。”③

五四青年节的创立过程充分展现了中国共产党重视青年，重视引导青年方法。1939 年 3 月，陕甘宁边区的青年组织规定以 5 月 4 日为中国青年节。国民党在广大青年高涨的爱国情感压力下，也被迫同意了这个规定。然而，后来国民党因青年运动风起云涌，

①《毛泽东选集》第 2 卷，人民出版社 1991 年版，第 568 页。

②《毛泽东选集》第 2 卷，人民出版社 1991 年版，第 566 页。

③《毛泽东选集》第 2 卷，人民出版社 1991 年版，第 568 页。

抗战时期延安青年开展体育运动

开始畏惧青年学习五四精神，又首鼠两端地改定以3月29日（1911年在广州起义中牺牲后来葬在黄花岗的革命烈士的纪念日）为青年节。在共产党领导的革命根据地内仍然以5月4日为青年节。自此以至中华人民共和国成立以后，中央人民政府政务院正式于1949年12月宣布以5月4日为中国青年节。

延安时期，知识青年喊着“我要去延安”的口号奔赴革命圣地，经过革命熔炉育英才，他们茁壮成长起来，然后深入各条战线，为民族独立、人民解放作出了卓越贡献。正如1939年5月，毛泽东在延安庆贺模范青年大会上说：“中国的青年运动有很好的革命传统，这个传统就是‘永久奋斗’。我们共产党是继承这个传统的，现在传下来了，以后更要继续传下去。”知识青年树立起一座爱国奋斗的永恒丰碑，至今仍值得我们每一个人尤其是当代青年学习。

（二）文艺成为传达爱国之情的重要方式

尽管延安地处偏僻，物质匮乏，但青年们的到来大大改观了解放区的精神面貌。延安十三年，在中国共产党的组织和领导下，青年们在此创造了丰富的文化生活，也度过了精神无比充实的时期。青年们一方面编写红色书刊、翻译马列著作，开展红色文化活动，移风易俗，用共产党人的价值观、世界观、人生观引领群众的思想观念和精神观念；另一方面，青年们积极组织各类文化社团，传播革命文化，宣传爱国主义。当时成立了很多著名的文艺社团，诸如鲁迅研究会、延安战歌社、人民抗日剧社、陕北公学流动剧团、边保剧团、枣园文工团、西北战地服务团等。延安军民在这些文艺作品熏陶下，创造了丰富的精神文明，奠定了红色基因，筑牢了红色文化的堡垒。

茅盾来到延安的第二天，参加了迎接朱德的欢迎会。茅盾这样描述他看完鲁艺演出的《黄河大合唱》，“大开眼界，使我感动，使我这个音乐的门外汉老觉得有什么东西在心里抓，痒痒的又舒服又难受。它那伟大的气魄自然而然使人鄙吝全消，发生崇高的情感，就像灵魂洗过一次澡似的”①。

青年作家舒群也曾经感慨地说道：“在文艺座谈会以后，我们才比较认识到另一个道理，到底什么叫作面向‘工农兵’。这就是说，我们要写他们，起码要写和他们有关的人和事……这就是新文艺发展的必然道路。”②

（三）以实际行动证明中国的希望在青年

“南洋华侨回国慰劳视察团”包括黄炎培在内的6位国民参政员，以及中外记者和美军考察组，在同时考察了西安和延安之后，一致认为“中国的希望在延安”。或许，我们还可以再加上一句，“延安的希望在青年”，“中国的希望在青年”。

延安时期的青年工作经验对于我们党而言至为宝贵，青年是中国的希望和未来，青年的思想政治工作是关乎民族前途和国

---

① 茅盾：《延安行——回忆录（二十六）》。

② 参见舒群《必须改造自己》，《解放日报》1943年3月31日。

1

2

1_
延安青年剧社在街上教唱歌曲
2_
冼星海指挥延安鲁艺学生演唱
《黄河大合唱》

家命运的大问题。用李维汉的话说就是，“青年最容易接受前进的理论，最热心参加前进的事业，因为他们具有优良的本质：高尚、纯洁、坦白、热情、天真、活泼。不仅如此，现代青年，对于抗战有极大的决心和高度的觉悟与努力。虽然青年也有他们的弱点，如直观、冲动、简单、夸大等，但这些弱点，可以从他们优良本质的发展和政治锻炼中逐渐去克服。”[①] 在1936年11月1日，中共中央专门作了《中央关于青年工作的决定》，其中规定：“应该彻底改变在青年运动中的工作方式，抛弃一切第二党的关门主义的工作方式，采取青年的，群众的，民主的，公开的工作方式。”[②] 这为延安时期青年们奔赴延安，支援革命，争取抗战胜利以及夺取全国解放奠定了人才基础。

之所以如此，是因为中国共产党人大部分都是五四青年，他们了解青年，经历过革命之血与火的考验，愿意与青年同呼吸共命运，知道青年对于中国的意义。根据斯诺的记录，在1936年，中共高层领导大部分是参加过五四运动的学生，年龄集中在35—40岁之间，军官平均年龄24岁，普通红军士兵平均19岁。这样一个以青壮年为主导的年龄结构给中国共产党带来朝气蓬勃的风采。中国共产党高度重视青年群体，且充分尊重青年诉求，切实保障青年权利。从塑造灵魂入手，培养青年爱党爱国爱人民的高度统一情感。

中国共产党发起的抗日救亡运动推动了中华民族的大觉醒，其动员的广度和深度大大超过了五四运动。1938年，17岁的李彦贤与同学一道从西安二中跑到泾阳安吴堡青训班接受了军事训练，一个月后他更名为何方，拒绝培训班安排他回到二中发展民族解放先锋队的任务，坚决要求去延安。他说：“在中国历史上起了重要作用的一代‘三八式’干部，正是由救亡运动唤醒和推上历史舞台的。大批青年抱着吃苦和牺牲的决心，为了争取民族独立和自由民主，跑到延安去参加革命。当时的延安，第一举的是抗战的旗帜，第二举的是自由的旗帜。”[③]

①《李维汉选集》，人民出版社1987年版，第93页。

②《中央关于青年工作的决定（1936年11月1日）》，《中国青年运动历史资料》第13册，中国青年出版社1996年版，第309页。

③何方：《从延安一路走来的反思——何方自述》上卷，明报出版社有限公司2007年版，第39—40页。

革命圣地延安吸引着青年，青年们也在延安创造了理想的社会。延安和青年互相成就了彼此。胡绩伟回忆道：“一到晚饭后，即便是寒冷的冬天，从全国各地涌来的青年人，大都走出窑洞，汇集到延河两岸的小石子河滩上，东一群，西一伙，散步的散步，谈笑的谈笑，议论的议论，唱歌的唱歌，跳舞的跳舞。《延安颂》和《黄河大合唱》的歌声，伴随着爽朗的笑声，回荡在延河河谷，整个延安变得热烈而欢腾。我想，青年人在延安不愁失业，不愁失学，不愁吃穿，不愁住宿，能敞怀议论，能放声歌唱，这不就是我们所追求的理想世界吗？”①

延安时期青年为了追求个人的自由和民族解放的理想在这里创造了一个又一个奇迹，那些涌入延安的爱国青年以及深入敌后的革命青年，他们重新定义了中华民族的爱国主义，爱国主义从口号走向现实，青年们在国内外的对敌斗争中淬炼了政治意志和斗争精神，并且用真实质朴坦白忠诚的牺牲精神为中华民族的爱国主义赋予了新的价值内涵和实践意义。青年真正作为一个改造国家和世界的现实力量，代表一个民族的希望和未来，登上了历史舞台。正是从延安时期开始，青年既掌握了革命的理论，又掌握了革命的武器，他们以真正饱满的热情、激扬的理想信念、脚踏实地的奋斗精神成为引领解放中国、建设中国的主力军和后备力量。1957 年 11 月 17 日，毛主席对莫斯科大学的中国留学生讲话时说：“世界是你们的，也是我们的，但是归根到底是你们的。你们青年人朝气蓬勃，正在兴旺时期，好像早晨八九点钟的太阳。希望寄托在你们身上。”

一言以蔽之，延安是中国的希望所在，中国共产党是人心所向。中国共产党引领中华民族的核心力量，准确把握民族的前进方向和时代的精神脉搏，通过自身的实际行动赢得了广大青年知识分子、学生的信任和拥戴。作为今天的青年，同样也要从延安青年的身上寻找到青年的真谛，正如习近平总书记所说，只有为人民作出了奉献的青春，才会留下充实、温暖、持久、无悔的青春回忆。

①《胡绩伟自述》第 1 卷，香港卓越文化出版社 2006 年版，第 206 页。

1

2

1_
中国女子大学的青年学生
2_
窑洞前的女子大学学员

后记

李后东

本书是研究团队分工协作、集体智慧的结晶。导论和第五章由杨建强（哲学博士、讲师）撰写，第一章由吕越颖（法学博士、讲师）撰写，第二章由吴海燕（法学博士、讲师）撰写，第三章由李后东（法学博士、副教授）撰写，第四章由赵娜（经济学博士、讲师）撰写。

在撰写过程中我们参阅和吸纳了学界许多研究成果，谨此说明并致谢忱。同时还得到了陕西师范大学马克思主义学院、陕西人民出版社相关领导的大力支持，陕西人民出版社编辑从本书的策划到送审、出版都付出了巨大辛劳，谨向他们致以诚挚的感谢。需要特别指出的，本书的编写只是一个尝试，虽然各位编撰者在有限的时间内尽力而为，但从内容到形式难免有许多疏漏和不妥之处，诚望学界同人和读者批评指正。

2024 年 10 月于陕西师范大学